大展好書 好書大展

大展好書 好書大展

·校園系列·

19

靈活記憶術

林 耀 慶／編著

大展出版社有限公司

前　言

讓工作對象的臉與名字一致、熟悉英語會話、取得資格等等，我們的生活中有許多時候需要記憶力。

不管是誰都會認為如果記憶力更好，人生應該會更快樂，但是以往介紹的複雜而又費工夫的記憶術，光是要熟悉就讓人覺得非常麻煩，除非你有「幹勁」和「時間」，才能辦得到。

《靈活記憶術》不需要花太多的時間，同時也不需要什麼特別的器具，只要閱讀本書，就能夠「自然提升記憶力」。

事實上，只要瞭解「反覆效果」、「順藤摸瓜式」及「提升動機」等三大原則，就能確實提高記憶力。舉一些簡單的例子，讓各位儘可能瞭解這三大原則，就是本書的目的。

希望你能夠成功地提升記憶力，走向幸福的人生。

目錄

第二章　利用「順藤摸瓜式」增加記憶

第三章 利用「提升動機」增加記憶

第四章　知道記憶力的構造，更能夠提高記憶力

第一章

利用「反覆效果」增加記憶

為什麼和尚能順暢地念出冗長的經文？

每當參加法事或葬禮時，感到非常地感動，同時不可思議的是和尚念經。能夠背誦與我們現在所使用完全不同的字彙所寫的艱澀文章，而且順暢地念出來，的確是令人感到很驚訝。

對和尚而言，念經是他的工作之一，因此，也許你會說他當然應該會念經。雖然是工作，但是能夠背誦這麼多的經文，的確也是非常偉大。

事實上不只一種經文。請寺廟的住持讓我看經文，發現有好幾種教典，而每一種都長達數卷。因此要背誦經文，且要流利地背出來，到底這種記憶力的秘密在何處呢？令人不禁感到懷疑。

有一次在做法事的時候，我請教和尚：「您是怎麼背經文的呢？」那位和尚笑著說：

「對我而言，經常念的經文以及所有的經文，並不是全都能記住的。」

但是他又說：「反覆念好幾次，練習念經，瞭解內容之後，漸漸地就能夠讓經文進入腦海中而記住了。」

重點就在於要「**反覆多念幾次**」。當和尚的人認為背誦經文是必要不可或缺的事項，而瞭解經文也很重要，因此一定會拼命地努力。但是，要背經文，當然要有這種背誦的心情和信仰之心，而更重要的是要反覆地背。

反覆地背，使其固定在記憶中，就稱為「反覆效果」。對記憶術而言，反覆效果是非常重要的要素。感興趣的事情記得住，而不感興趣的事情立刻就忘記了。也就是說，感興趣的事情在無意識當中會閱讀好幾次，反覆念好幾次，因此，會固定在記憶中。但是不感興趣的事情，也不想再反覆地閱讀，立刻就會從腦海中消失了。

只要能增加眼睛看過的次數，以及用嘴巴說出來的次數，花點功夫反覆練習，就能夠使得記憶確實固定下來。這就是，和尚令人感到驚訝的念經記憶術的秘訣。

不會忘記孩提時代學會的歌的理由

有很多人是屬於「記憶力不好」、「不會默背」的人，但是這些人對於孩提時代學會的童謠或是卡通影片的主題歌、暢銷歌曲等，即使成為大人之後也還記得住。就算無法立刻唱出來，但是只要聽到其中的一句，就能夠想起歌詞和旋律。

這就是由於反覆效果所形成的記憶。孩提時代學習唱歌，是將耳朵聽到的東西，用嘴巴說出來好幾次，不知不覺當中就記住的。既不是唱卡拉ＯＫ將歌詞背起來，也不是一直瞪著歌詞來唱歌。喜歡的歌就會哼唱幾句，成為反覆效果，漸漸地就深印在腦海中了。

相信有不少歌曲雖然不知道其歌詞意義，但是也還是能夠記住吧！有的時候就算不瞭解意義，但是哼唱好幾次，達到反覆效果之後就記住了。

同樣在中學或是高中時，也會記住一些英文歌曲。對於外國曲子感興趣時，就會拼命去記一些自己喜歡的曲子。經過二十多年以後，這些曲子還是有人能唱出來，而且一字不漏。因為發音也是從收音機或是從唱片中聽到的，和做生意時所使用的英文完全不同。

不過，這些人和先瞭解英文歌詞的意義，再學會英文歌的人不同。這些人在事後可能會很驚訝地說：

「啊！原來這首歌曲的意思是這樣啊！」

像這樣的例子非常地多。也就是說，即使不知道內容，可是卻能朗朗上口。

深留在印象中，因為喜歡，所以唱了好幾次，加以模仿歌唱，成為一種反覆效果。即使完全不知道意義或是文法，可是卻會唱英文歌，經過長久的歲月也不會遺忘。

這和是否打算要記住的意識完全無關，聽了好幾次，**口中哼唱好幾次，就能夠提升反覆效果**，深深地記住，永遠都不會忘掉。所以一直都能夠唱出孩提時代學會的歌曲。

要避免忘記，最大的原則就是要反覆練習

即使記憶力再好的人，眼睛只看過一次的東西、耳朵只聽到一次，想要記住而永遠不忘，是不可能的。

不管當時印象再怎樣深刻，可是如果只是保持這種狀態，漸漸地就會遺忘了。

當然有的人會說：「沒這回事，雖然只見過一次，但是我還記得那個人的長相呢！」

的確，如果男性遇到令他感到驚艷的美女，可能就不會忘記這個人。

但是，只見一次的衝擊不會一直殘留在記憶中。也許你本人沒有意識到，可是你一定會經常想「她真是一位美女啊！」而在腦海中想著這位女性的臉。這種**反覆思想也是一種反覆效果**，因此，使你記住美女的臉。

如果你想要記住什麼東西，不打算遺忘，那麼反覆練習是絕對必要的。

即使不會重新閱讀、重新聽、重新說出口來，但是光是反覆思想，也是不可或缺的方法。

如果認為自己不可以遺忘，你可能就會打開書來念或是聽錄音帶，一旦展現這些行動，下意識地進行反覆練習，就會產生一種想要記住的感覺了。

但是，有時自己本身並沒有意識到反覆想的作業，所以可能你會認為只看過一次就自然記住了，事實上你可能已經反覆看過、聽過好幾次了。

例如，記住美人的例子，在自己沒有察覺的情況下，可能已經反覆想了好幾次了。

「她在做什麼工作呢？」

「啊！這麼美的女人，到底她的男朋友是怎樣的男子呢？」

在這麼想的時候，就會反覆地想起女性的臉，漸漸地，使她固定在你的記憶中。

人腦對於必要的事項會自然反覆地練習，就能夠記住

現在可說是資訊化社會，各種的資訊不斷流入。而在這種生活當中，龐大的資訊會從眼、耳進入我們的腦海中。

當然想要記住只接觸一次的大量資訊，並不是一件輕鬆的事情，因為人類的記憶畢竟有界限。如果要全部記住每天所接觸的事情，那麼可能會引起頭腦恐慌，而變得精神失常了。

但是，在記憶力有界限的同時，人腦卻非常地精巧，對於想要記住的事情、必須要記住的事情時，無意識就會加以選擇，反覆想好幾次，形成一種反覆效果，固定在記憶中。

在生意最前線的人，每天接觸到的資訊量超出我們的想像之外。要全部記住這些資訊是不可能的，所以很自然地會對於必要的事物、不必要的事物加以區別，只反覆記住必要的事物。

有時候會遇到某一種人，對於重要的資訊或數字非常熟悉，可是對其他事情卻完全遺忘了。

這些人能夠從圍繞在周圍的龐大資訊中自然挑出自己所需要的事物，只記住這些事物而已。

事實上，當人身處於資訊過多的「過剩負荷環境」中，必須要遮斷資訊。如果注意所有的資訊而想要加以記憶，則任何事情都會做不好。因此，必須要**僅止於記憶必要的事物，其他的就讓它通過即可**。

每天的工作時間表排得非常緊湊的企業領導人，也許就會進行這種資訊遮斷的工作。

沒有辦法完全掌握自己的時間表，以及不斷湧來的資訊，因此只記住自己所需要的事物，而其他的就交給秘書等來處理。

有時候也許會感覺「咦？怎麼會記住這些事情呢？」事後想想也許不是什麼重要的事情，但是當這些資訊輸入的時候，無意識中會判斷「還是要記住這件事較好」，因此，就會形成一個反覆效果而記住了。

連他人的名字都記不住，表示對這個人沒有興趣

有很多人「不懂得如何記住他人的名字」。但是，像這樣的人也不是說完全記不住別人的名字。對於自己產生強烈關心的對象，或者是喜歡的人的名字都記得住。

在普通的談話當中，「那個人他是這樣說的」，在敘述一件事情的時候，如果是喜歡的對象或是喜歡的異性的名字，立刻就會記住，而且順暢地說出來。

因為是喜歡的對象，因此，在腦海中反覆想的時候，或是實際叫喚他的時候，就能夠叫喚出他的名字來，藉著反覆效果，自然地記住了。所以，在平常說話的時候，說「那個人」或是「他」的人，面對喜歡的對象就可能直接地說出「○○小姐」。

對於有好感的對象、感覺關心的對象，一開始就自然會湧現一種要記住

這個人名字的意識，因此，不知不覺中就會叫他的名字，而成為一種反覆效果。

而且，也希望自己喜歡的對象對自己建立一個好印象，想跟他說話、想跟他在一起，**則叫喚對方名字的次數增多，就能增加反覆練習的機會**。

因此，即使有的人感嘆說：「唉呀！我記不住別人的名字」，但是如果是喜歡的人，則立刻就能記住他的名字，永遠都不會忘記。

只要唸出對方的名字，就能提高記憶力

只要唸出喜歡對象的名字，就能產生反覆效果。而這個方法可以在工作或日常生活中加以應用。像在工作上必須要記住的人名，要下意識地叫這個人的名字較好。

雙方交換名片時，認為自己已經記住這個人的名字，可是等到打算叫他的時候，卻發現叫不出他的名字。剛才才看過名片，怎麼會記不住他的名字

呢？像這樣的例子時有所聞。雖然看過名片，以為自己已經記住了，可是沒有反覆練習，所以，沒有辦法牢牢地固定在記憶中，遇到萬一的時刻，反而想不起來了。

為了防止這種情況發生，交換名片後在談話時要叫喚對方的名字，多製造一些反覆練習的機會。例如，要徵求對方的同意或是提出問題時，不要只說：「你覺得怎麼樣？」而最好說：「〇〇先生，你覺得怎麼樣？」或是「〇〇先生，關於這一點，你有什麼想法？」等等，一定要叫對方的名字。

如果對方具有課長或經理的頭銜，我們通常只會稱呼「經理」、「課長」等頭銜，但其實這是不對的方法，最好連姓也一起稱呼，稱對方「〇經理」、「〇課長」較好。

下意識地在談話中叫對方的名字，只要說五、六次，就能充分發揮反覆練習的效果，就能將這些人的名字輸入腦海中記住了。

一些記不住他人名字的例子，往往都是對對方名字不表關心，只注意到對方的工作內容和頭銜，所以記不住。

但是交換名片之後，在談話中下意識地叫對方的名字，就能夠產生一種反覆效果，加強記憶。

所以，如果有人說「連名字都記不住」，最好試著在談話中**下意識地叫對方的名字**，不久之後，你自己都會感到很驚訝，能夠將對方的臉和名字合而為一，對於自己驚人的記憶力也會感到很驚訝。

想使名字和臉一致，要先增加見面的機會

一個人的相貌比名字更容易使人記住，當相貌和名字不一致的時候，很少人是記住了名字而想不起他長什麼樣子，大都是想起他的長相，雖然想起「哦！我曾經見過這個人」，但是卻叫不出他的名字來。而在那兒思索著「他到底是誰啊？」感到非常地困擾。

擔任大學教授的工作，我接觸到許多的學生。如果問我名字和相貌到底何者記得比較多，還是以相貌記住的比較多，幾乎都是在大學一週上一次課

，也就是說一週有一次的機會和學生碰面，如果是每一次都好好出席的學生，在一年內就會記住他的相貌。

我的學生大約一六〇名，但是不必勉強記住他們的相貌，我幾乎都能記得學生的長相。

即使學生升級，不再到我的課堂來上課，但是在學校裡見面時，我還會記得「哦！他就是××科的幾年級學生」，相貌的記憶仍然殘留著。

但是如果要讓相貌和名字一致，則這種學生數目就會減少。因為如果要讓臉和名字一致，則必須要提高接觸的頻度才行，可是還是沒有辦法讓一六〇名學生的臉和名字完全一致。一週見面一次頻度比較低，再加上有的並沒有叫過對方的名字，因此，沒有辦法記起他們的名字。

一項研究調查學校的老師能夠記住多少學生的臉和名字。發現中學老師二五〇人左右，也就是說能夠使得二五〇名學生的臉和名字一致，可能是在中學的上課次數較多，而且透過社團活動互相交流，接觸頻度較高，因而能夠記住這麼多的人吧！

回顧自己的情形，相貌和名字能夠完全一致的學生，大多是在實習時所教導的學生，每年只有二十人左右。實習的學生人數比較少，而且向學生提出問題、討論的機會比較多，**接觸頻度增高**，所以能夠記住學生的名字。但是有時候出席率不佳的學生，或者是躲在他人背後的學生，因為印象比較深刻，反而更容易記住他們的名字和相貌。

如果不提高接觸的頻度，如果不下意識叫對方的名字，恐怕就沒有辦法積極地記住名字。但是比較容易記住臉的長相，就算不能記住詳細的部分，可是整體的印象、特徵的部分都記得住。

反覆練習自己的住址、電話號碼，就不會忘記了

也許很多人認為沒有人會回答不出自己的住址和電話號碼，不管是誰都應該很流暢地念出自己的住址和電話號碼吧！因此，對於自己的住址及電話號碼，應該毫不費力地就記住了。

但是如果才剛搬家，有了新的住址和電話號碼，可能就沒有辦法一下子記住了。

剛開始的時候，隨時帶著便條紙寫下住址和電話號碼，或者是寫在手冊上，一邊看一邊告訴他人，或者是填寫在文件中，這就成了一種反覆練習的效果。**看了好幾次、寫了好幾次**之後，漸漸地就固定在記憶中了。

有時候還是會有人沒有辦法立刻想起自己的住址或是電話號碼，就是沒有進行這個反覆練習的作業。例如，在搬家的時候，所有的手續都交給妻子去辦理，而喬遷的通知也由印刷品告訴諸親友的人，恐怕沒有辦法立刻想起自宅的住址吧！

有的男性記不住自家的電話號碼，這些人可能是認為「我不會打電話到自己的家中」，因為不打算打電話，所以沒有記起來，就沒有辦法產生一種反覆效果，也就沒有記住被視為理所當然，應該要記住的電話號碼了。

誰都能夠寫出自己的名字，就是因為反覆練習的結果。剛學會說話的孩子，當別人問他叫什麼名字時，他無法說出自己的名字。而等到父母叫他「

〇〇」的時候，他才記住自己的名字，能夠回答自己的名字。這就是一種反覆效果，漸漸地就能夠牢記自己的名字了。

寫自己的名字也是同樣的。進入小學就讀之後，包括考試在內，有各種機會寫自己的名字，成為反覆練習，因此，就能夠寫出自己正確的名字了。

有些孩子的名字使用的是比較困難的字，通常別的小孩不會寫的字，他卻能輕鬆地寫出來。與其說因為是自己的名字，還不如說是因為有許多練習的機會，所以才能夠寫出來。

出生年月日也是如此。孩提時代別人會為你慶祝生日，在各種狀況下要填寫出生年月日，因此，記住了自己的出生年月日。如果說別人只問過你一次「你的生日是幾號？」你根本沒有反覆想的機會或是反覆寫的機會，恐怕你也不會記得自己的生日了。

任何人都覺得毫不費力、理所當然該記住的自己的住址和電話號碼，也是因為反覆想了好幾次、寫了好幾次，藉著反覆效果而記住的。

如果不做這些事項的反覆練習，只聽一次、只看一次的話，恐怕也沒有辦法牢記在腦海中。

書寫記憶的動作學習，具有提高記憶力的效果

據說以書寫的方式來背英文單字最有效，不單只是拼命地記住而已，一旦書寫使用身體來記憶，就會成為一種「動作學習」。**「動作學習」是一邊使用身體，一邊進行記憶的**，所以，不單是具有反覆練習的效果，同時身體也具有記住動作的效果。因此，寫英文單字時，只要寫出開頭的第一個字母，就能流暢地把整個字拼出來。

一邊寫、一邊記住特別有效，是因為寫的時候一定會看自己所寫的文字，能夠得到雙重的學習效果。寫的動作學習和看的觀察學習一併進行，因此看起來好像只學習了一次，事實上卻具有雙重效果。

如果還要提升學習效果，就一邊寫、一邊念出發音來比較好。寫、看再加上說、聽這兩大要素，就能夠達成好幾次的反覆效果，牢牢地記住。只要

反覆這麼做，大部分的事物都能夠記住了。

但是，人類的頭腦一旦對於記住的東西放任不管的話，很快就會忘記。即使是寫過、念過，藉著好幾重的記憶方法記住的事物，如果不持續反覆想、反覆背的反覆練習，就會忘記。

所以，考慮學習效果，考試前用功的老式方法是非常好的記憶方法。即使時代再怎樣變遷，它的確是非常方便的方法。

現在能夠自由操縱電腦的中學生並不少，光是藉著鍵盤和滑鼠的操作，就能夠自由地引出龐大的資訊，活用網際網路，則隨時都能將世界上重要的資訊送到手邊。

在這麼多的資訊當中，要選擇對自己有益、必要的資訊來記憶的作業，不能夠依賴電腦，而只能夠靠自己的頭腦來進行。而在記住的階段中，不能光只是看電腦的螢幕，還必須要寫好幾次，看寫的東西並且念出來，聽自己所念的東西，這個方法最有效。

場所、時間、數字等以「做記號」方式記住

先前談過，覺得人名非常難記，幾乎都是沒有下意識地想要記住，因此記不住。也可以說是很難記憶的代表。

同樣是很難記憶的東西，除了名字之外，還有場所、時間、數字等。我想沒有人在聽到場所、時間、數字時，覺得能夠毫不費力地把它記住吧！

要正確地把這些很難記住的項目記下來，雖然有些事物即使弄錯了還可以訂正，但是有一些則是無法訂正，一旦記錯之後，恐怕會後悔莫及的事物，那就是名字和場所、時間、數字等。所以一定要下意識，多花一點工夫記住。

要記住人名、場所、時間、數字等的有效方法就是**做記號**。在準備考試的時候，教科書中的重要部分會用劃線的方式塗色，或用圓圈框起來做些記號，同樣的，必須要記住的人名或是場所、時間、數字等，也要做記號，加

強印象，然後藉著反覆練習的方式重新看的時候，較容易映入眼簾中。

此外，不要單獨記憶，要將有關係的事物整個記住，也是一種方法。要一一記住場所、時間、數字等，是很困難的，而且很麻煩。不過如果人名和時間、場所、數字有關聯性的話，只要記住一個，其他的就會整套留在記憶中，這樣就能夠輕鬆地記住了。

這些很難記住的東西卻不得不記住，所以，一定要勉強自己下意識地記住，而記住的的秘訣就是利用做記號等方式，下意識加強印象。

為什麼只記得以前快樂的事情呢？

經常聽人說：「以前真是太好了。」而「以前真是太好了」的說法，據說證明你已經老了。可是年輕人想起孩提時代或青春期的事情，也會覺得「那段時間真是太棒了」。

懷念歌曲受人歡迎，就是因為會想到當年聽那些曲子時的快樂時光。陸續想起殘留在印象中的事物，因此，產生一種懷舊的感覺。

但是大家如果都過著快樂的生活，應該就不會想到什麼討厭的事情或不想想起的事情了。而每當想到往昔時，似乎都只想到好事，就算是一些痛苦的事情，也會覺得「現在想想，那都是一些美好的回憶」。

例如，戰時的軍歌以及戰爭剛結束的歌曲，有的人聽到會覺得非常懷念。回憶當時的狀況，與其說是快樂，還不如說是一些痛苦的回憶。可是聽當時的曲子，卻產生一種懷舊快樂情緒。

這的確讓人覺得很不可思議。因為人類為了避免產生不好的記憶、不好的回憶，為了避免這些不好的記憶再生，因此產生一種**壓抑作用**。所以並不是已經忘記不好的事，或是從記憶中流失，而是想起過去的事情時，不會讓不好的事情再生，會將其壓抑住，而只想起快樂的事情、好的事情而已。

美國某個大學在暑假結束之後，要學生們交一份報告，說明在暑假時做過的事情。暑假剛過後的報告中，學生寫了快樂的事、痛苦的事以及討厭的事情。

但是經過幾個月以後，要他們再寫暑假的回憶時，則不好的事情幾乎全都不在了，想到的只是快樂的事情、有意義的事情而已。僅僅幾個月之前的事情，卻想要忘記討厭的事情，不願意想起來，因此產生一種壓抑作用。

雖然殘留在記憶中，但是因為壓抑作用發揮作用，所以，本人認為想不出來、已經忘記了。因此，就算叫學生們寫出這些事情，恐怕他們也寫不出來了。

可是並不是完全忘記，如果突然出現了討厭的回憶時，恐怕整個臉馬上都會皺起來。像一位大學生遇到了與他少年時代討厭的老師同名的老師時，以前忘記的討厭回憶全都湧上心頭。討厭的老師的相貌又浮現在眼前，因此認為出現在眼前與其同名的老師，都是令他討厭的人。因為一點點的刺激，瞬間無法壓抑的不好的回憶全都飛出來了。

但是，不好的回憶不會一直湧現，因為會產生一種自我防衛的動作，人會想要忘記不好的回憶，不讓這種回憶被想起，因此，會在無意識當中選擇回憶的好壞，壓抑不好的回憶。

要安排必須記住的資訊的優先順位

先前曾說過，人類在各種資訊當中會自然挑選出必要的事物反覆練習，避免遺忘。但是順其自然是很危險的，即使在無意識中認為應該記住的事物，也許實際上並不是很重要的事物。例如，在事後有時候會想起「為什麼會記住這種事情呢？」就是最典型的例子。一直無法忘懷美女的臉，不過，這是否真的需要記住呢？有時候根本不需要。但是，在無意識當中出現想要記住的慾望，因此記住了。

相反的，一些必須記住的事物，在當時並不覺得需要記住，因此，將其遺漏在選擇網之外。像人名或是場所、時間、數字等，就是屬於這一類。

所以，對自己輸入的資訊，要事先安排優先順位，要反覆練習哪些事物、不需要練習哪些事物，要有選擇的習慣，只要牢牢地記住必要的事情就可以了。

有的人記憶力很好，但這些人並不是說能夠記住所有的事物，畢竟人類不可能記住所有的事物。但是懂得記憶的人，會**選擇性地記住與工作有關等對自己而言必要的事項，安排優先順位**，一定會好好地記住必須記住的事物。也就是說，方法的好壞對於記憶而言，也會出現強弱的差距。

例如，要記住一個人，不要記住他的髮型或服裝等，在見到這個人的時候，就要立刻分辨出能夠讓人一眼就能看出來的特徵部分，以及名字等要優先記住。

如此一來，每一次想到這個人的名字時，就會浮現臉部的特徵。相反的，看到這個人的臉的時候，就會想起他的名字。只要想起優先順序中在上位的事物，就能夠以連鎖的方式，將順位擺在下位的髮型、服裝等都想出來。

要記住所有的事物是不可能的，可是在工作和人際關係上，有許多是必須要記住的事物。重要的是必須有效地挑選必要的事項來記住，因此，無用的事物、重要度較低的事物都要斷然捨棄。挑選出必須要記住的事物、重要的事物，當然簡潔資訊固定在記憶中。

利用對方的錯誤記憶不是罪過

不管是誰都無法記住所有的事物，有時候會記錯。對本人而言也許不是記錯，但是對方可能認為「真是太幸運」的例子也很多。

也許有人認為這是一種姑息的作法，不是一種好的行為。但是當對方記錯時，就可以利用，讓事物有利地發展下去。

例如，在交涉價格的時候，上一次對方說是三萬元，但這一次卻記錯了。「先前我跟你說多少？我記得好像是五萬元嘛！這一次也是這樣好了。」自己雖然覺得「咦？」但是如果你說「這個嘛！我也記不清楚了，不過既然你說五萬元的話，這一次就五萬元好了。」利用五萬元達成了交涉。

這也算是一種交涉術。並不是所有的事情都要說明真相才是最好的做法。**要配合時間和場合，反過來利用對方錯誤的記憶，對自己有利，**這也是一種技巧。

到目前為止談及過，一定要下意識地記住真正重要、不可以弄錯的事物，反覆練習，才能夠固定在記憶中。

而如果對方記錯了，表示對於對方而言，這並不是交涉的最重要項目。而且弄錯的是對方，應該由對方來負責才對。

當然，並不是說每一次都利用對方錯誤的記憶，有時候要加以訂正，指出正確的事物。但是，可以利用的時候就加以利用，能夠利用並不算是一件壞事。

絕對不可以勉強誘導對方出現錯誤的記憶，讓人覺得是一種詐欺的手段。不過在交涉和談話當中，如果對方出現錯誤的記憶，也可以巧妙地加以利用一下。

如果能夠朝著對自己有利的方向發展時，為了避免下一次雙方都遺忘了，一定要多叮嚀幾次，雙方都要進行反覆練習，牢牢地固定在記憶中，則下一次就能夠產生時機，達成交涉的基礎。

人類的記憶會以「曲線」的方式消失

據說人類因為有遺忘，才能夠生存。忘記很多的事物，頭腦才不會陷入恐慌狀態，精神才不會焦躁，才能夠生活。如果記住所有的事物，雖然很方便，但是頭腦無法收拾，精神會變得不穩定。

要忘記輸入頭腦中的事物時，並不是瞬間從記憶中消失，而是**以曲線的方式，記憶逐漸淡薄**。而說明這種遺忘事物構造的，就是「艾賓格漢斯遺忘曲線」。

艾賓格漢斯是德國的學者，可說是研究記憶的先鋒。在距今一百年前發表了關於遺忘曲線的實驗成果，從一八七九年開始到八〇年進行研究。

艾賓格漢斯所進行的實驗，是將不具有意義的十三音節八系列的語言，以一分鐘內一五〇音節的速度閱讀，如果能持續兩次都毫無錯誤的背誦出來，就表示學習完成。然後隔一段時間，從再學習所花的時間來調查殘留在記

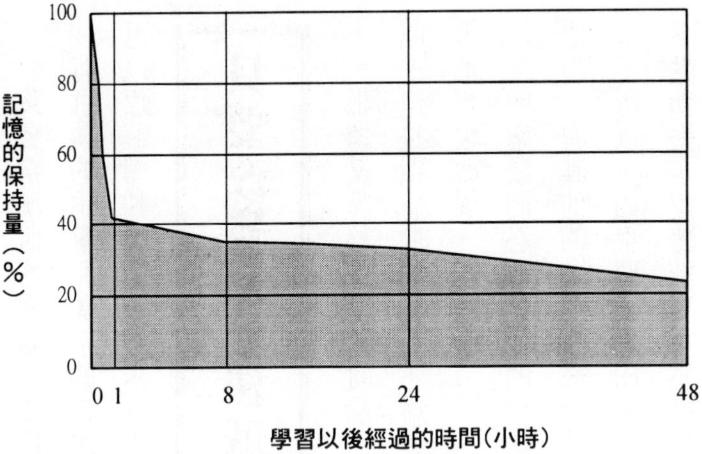

艾賓格漢斯的遺忘曲線

學習經過1小時之後，人所記憶的事物會忘記一半以上

憶中的程度如何。

根據實驗顯示，最初的學習平均花了十八分鐘，而過了十九分後再學習時，則為八・三分。以時間來看，是最初學習時間的五三・九％，也就是節省了九・七分，這個部分殘留在記憶中了。

看遺忘曲線會發現，學習後一小時內記憶以陡降坡的方式減退，然後轉為緩降坡。尤其是經過八小時以後，記憶會緩慢地減少。如果維持這個速度，記憶逐漸淡薄，過了六天以後，則成為什麼都記不住的狀態。

可是，如果在記憶還沒有完全消

失之前再學習一次，就能得到很好的效果，這樣就能夠重新喚起記憶。

艾賓格漢斯的實驗，使用的是無意義的音節，因此，和我們平常所接觸，有意義的詞彙和數字的資訊有些差距。但是，只要瞭解這個遺忘曲線，就可以瞭解到利用反覆效果固定記憶，的確是非常好的練習法。

只要改變記憶法就能延長遺忘時間

根據艾賓格漢斯的實驗，只是記住無意義的詞彙，就能節省再學習的時間。但是遺忘曲線本身不會產生變化，也就是說即使學習好幾次，遺忘的速度都不會改變。

所幸我們必須記住的包括人名、英文單字等都具有意義，而且不是單獨使用，與其他的字都可能有關聯。

所以，如果要加強印象，成為記憶固定在腦海中，則在記住的方法上多下點功夫，反覆練習，不僅能提升再學習的效果，同時也會使得遺忘曲線產生變化。

只要在記憶的方法上下功夫，就能夠減緩遺忘的速度，甚至很難遺忘。

考生背歷史年號的時候，會利用諧音來背，聽起來比較親切，而且容易加強印象，而深留在記憶中。

人名也是同樣的，利用諧音或者和簡短的故事一起記的話，就容易記住，而且不容易遺忘。利用如宴會席上，一個人看著旁邊的人，不小心撞到了對方，手上拿的酒杯的酒灑出來。兩人因為這種機緣而相識，可能就不會忘記這個人的名字了。因為有了撞到對方，酒灑出來的小故事出現，因此只要想起小故事，就能想起對方的相貌和名字，但是，這時絕對不要怠忽了反覆練習的作業。

兩個人聽同樣的話，但是殘留在記憶中的程度卻不同。並不是兩人記憶力有差距，而是因為興趣和關心等動機的差距，或者是如何使用小故事等等的差距，因此造成了記憶的差距。

不需要死記必要的事物，可以**利用諧音或是小故事**等等，花點功夫加強印象記下來，較容易記憶，而且也是不容易遺忘的秘訣。

「智慧環境」能夠提升記憶力

不少人認為記憶力是天生的，但是，我卻說記憶力是後天的，而且可因鍛鍊的方式或生活環境的不同而改變。與記憶有密切關係的學習能力，受到智慧環境影響極大，記憶力本身會受到環境的影響。

經常有許多母親會說：「我的孩子總是記不住事情。」但事實上，這是因為沒有培養孩子的記憶能力，並不是孩子不具備這樣的能力。實際上是母親沒有培養孩子的記憶力，沒有為他創造一個培養記憶力的環境所造成的。

孩子充滿了好奇心，對於各種事物都會產生關心，而詢問母親。看電視、和朋友一起玩等快樂事物都會告訴母親，而對於孩子的詢問或是訴說，做母親的要側耳傾聽，有時要和他一起思考、一起談話，就能夠助長孩子們的記憶力。

不要因為忙碌而疏忽了孩子，只會對孩子說：「快點睡覺」，也不念故事書給他聽，無法養成孩子記憶力的習慣，永遠沒有辦法培養他的記憶力。

不僅是孩子，大人也是同樣的。不看書、完全不接受智慧刺激的人，與閱讀大量書籍，經常探討書中內容的人相比，記憶力當然會產生很大的差距。

中年以後的人經常感嘆說「最近記憶力變差了」，或是「容易健忘」，這些人可能是因為工作忙碌或體力衰退，除了工作以外，很少使用頭腦看看書或做其他的事情吧！

不知不覺當中減少了智慧的刺激，因此，造成記憶力減退。忙碌於工作中，失去了提高記憶力的智慧環境。

早晚在通勤的車上打盹，下班以後和同事到酒店喝酒聊天，回家以後立刻上床，休假日也是躺在沙發上看電視打發時光。像這樣過著幾乎不算是智慧的生活，記憶力當然會衰退。要維持發展記憶力，要勤於閱讀書籍，而且對於工作以外的主題也要持續保持思考、疑問，過著智慧生活，讓**自己置身**

於智慧環境中，這一點非常重要。

無聊的說話能夠刺激記憶力

將所知道的事物以語言的方式說出來，也是要防止記憶力減退、提升記憶力的一種方法。說話能夠成為一種反覆效果，使記憶力固定，同時藉著思考以及對方的話語受到的刺激，也能使腦活性化。

一些政治家及商界人士，即使是高齡，記憶力還是十分清晰。就是因為他們經常和許多人頻頻地見面、說話，而且善於雄辯。

說話首先要製造話題，必須要記住話題，要求知識和記憶力。但即使饒舌，卻無法想起重要的事項，不算是真正的說話。

在這一點上，政治家或商界人士經常培養知識，磨練記憶力。對於重要的主題進行討論，有時候為了擴展策略，將資訊的蒐集和資訊的聚集當成一大武器，如果要一一看備忘錄再來討論，無法切入主題。因此，本身就必須要記住這些事項，所以可以鍛鍊記憶力，記憶力永遠不會衰退。

即使不是政治家或商界人士，孤獨老人和在許多家人圍繞之下生活的老年人相比，孤獨老人有記憶力較早衰退的傾向。也就是說，和家人聊天能夠刺激腦，而且加強記憶力，所以記憶力不會衰退。

不只老人，一般而言喜歡說話的人記憶力較好。話題豐富、隨時能夠討論一些趣味話題的人，不只知識豐富，而且記憶力極佳。因為記住，所以能夠與別人討論話題，利用說話而成為一種反覆效果，更能加強記憶力，形成良性循環，提高記憶力。

經常聽人說「巧言令色鮮以仁」、「沉默是金，雄辯是銀」，但是**沉默寡言會使記憶力衰退**。現在時代改變了，會說話不再被視為是輕薄的表現，也不是一種缺點。

當然必須要節制，不能造成對方的困惑，要積極吸收各種的知識，盡量地說話。越說話越能夠藉著反覆效果，牢牢地記住，同時培養記憶力。會說話不再是一種愛表現的作法，對於記憶力而言是一種美德。

記憶力和體力都是越使用越不會減退

如果不使用體力的話，立刻就會衰退。據說體力最佳的年代是十五歲後半期到二十五歲前的年輕人。但是如果受傷、臥病在床一個月的話，則肌肉會衰退。沒有體力的話，就算是散步也會覺得疲倦。

相反的，經常活動身體、鍛鍊身體，就算活到五十歲、六十歲，能夠維持沒有贅肉、肌肉壯碩的身體，能夠以令年輕人汗顏的體力，過著精力充沛的生活。

不論是**記憶力或體力，越使用越不會減退**，而且會不斷地伸展。不使用記憶力的話，就容易衰退，導致健忘、記不住事情。不只是老年人，對於年輕人而言也是如此。

工作順利的人即使過著忙碌的生活，記憶力也不會衰退。雖然沒有玩樂的時間，但是該做的事情都能夠做完，這是因為已經養成了記住必須要記住的事物的習慣，隨時使用記憶力的緣故。

不管是他人的姓名或是數字等難記的東西，如果不記住的話，會對工作造成阻礙，因此必須努力記住。這一種鍛鍊也是維持記憶力的根源。

退休以後有了空閒的時間，但是反而變得更健忘，無所事事，導致記憶力衰退。什麼也不想、什麼也不去記住的生活，對體力而言，就好像過著臥病在床的生活一樣。持續這樣的生活，任何人的記憶力都會減退。

感覺記憶力衰退的人不是因為年齡的緣故，而是因為沒有使用記憶力的緣故。再這樣下去，記憶力會不斷地衰退。所以要下意識地使用記憶力，才能防止衰退，恢復以前的記憶力。

不光用頭腦，如果用「身體」記住，也不容易遺忘

據說運動的世界是用身體來記住事物的。用頭腦瞭解的事物很快就會忘記了，但是用**身體來記住**，隨時都不會忘記。

這種「用身體來記住」的方法不只限於運動，在我們日常生活中也是很重要的一點，在不知不覺當中我們也會實踐這一點。例如，用筷子的方法，並不是用頭腦，而是用身體記住的。

最初父母教我們使用的方法，加上模仿其他人，漸漸地用身體學會了使用筷子。根據以往的研究，雖然不知道腦的記憶到何種地步開始為手的記憶，不過已經瞭解到身體的記憶的確是非常重要的要素。

有一個有趣的專門術語「學習轉移」，也就是說用右手學會的事情，左手也辦得到。只要稍微練習，就能夠與右手的程度相同。以筷子為例，例如，慣用右手拿筷子的東方人，要他使用左手拿筷子，和頭一次拿筷子的美國人相比，即使是頭一次用左手拿筷子，還是東方人比較懂得拿筷子的技巧。也就是說，用右手學會的事物在使用左手來做的時候，也能夠加以運用。

書寫文字大部分也是靠身體來記住的。像我們會寫流暢的母語，並不是靠著頭腦思考或加以確認，而是將浮現在腦海中的文章的文字，反應在手上所寫出來的。如果每一個字都要用頭腦去思考的話，那麼所有的字都只能以一邊看字典、一邊來寫的速度寫出來了。

有的人能夠快速地敲打電腦的鍵盤，也就是說手和手指能夠記住鍵盤的位置，而且記住了敲打的順序。剛開始學電腦的時候，用頭腦思考、用眼睛確認需要花較多的時間，但是習慣以後，因為已經用手記住了，所以像手指的動作以及鍵盤的位置等，都不需要思考了。

在記憶中必須用頭腦來記住的事物很多，但是不光是用頭腦，用身體能夠記住的事情使用身體記住的話，開始時需要花較多的時間，但是一旦記住之後就很難遺忘。

鋼琴家不是用頭腦，而是用手指記住曲子

我們一般人都知道音樂家的記憶力非常棒，他們記住各種曲子，不看樂譜就可以演奏，當然需要相當強的記憶力。而很多的曲子不會在中途混亂，或者是搞錯，能夠好好地演奏出來，的確讓人感到非常神奇。

事實上，音樂家能夠牢記曲子，靠的不光是頭腦，也是靠身體來記住的。如果只依賴頭腦的記憶，手必須按照頭腦的記憶來移動的話，可能就無法進行流暢的演奏，可能在中途會出錯。

演奏古典音樂的鋼琴家和小提琴家在彈奏協奏曲時，基本上不使用樂譜。有的協奏曲的演奏時間達三十分鐘以上，當然這個曲子的樂譜已經牢記在腦海中了，不過因為藉著手和手指的記憶，也能夠以背譜的方式來演奏。

鋼琴和小提琴家手指的移動非常快速、正確，這些都是靠身體記住的，用身體演奏，因此不會紊亂，彈奏也不會出錯。

剛開始學習鋼琴或是小提琴的人，在中途手指無法動彈或者會出錯，就是因為由頭腦來主導，手指的記憶追趕不上頭腦的記憶所致。而且，不瞭解的時候用頭腦來思考，因此造成混亂，沒有辦法繼續彈奏下去。

會彈吉他或者是鋼琴的人，即使長時間不彈，只要能想起那種觸感，就能夠立刻彈奏，這就是因為用身體記住的緣故。如果是用頭腦記住，大概一年不彈就會完全忘掉，不能夠再彈奏了。

用身體記住、用身體反應的樂器，就能夠流暢地演奏出好的曲子。與運動同樣的，雖然在記住之前要花較多的時間，但是一旦記住之後，只要想到這個曲子，自然地就能活動身體來彈奏。

運動神經與記憶力的關係

先前談及過，記憶中不只需要頭腦，還需要靠身體來記住。有時靠身體記住反而比較好。所以這也與運動神經有關。

用身體記住，或者是用身體想起學會的事情，以運動神經較佳的人較有利。尤其是要拾回遺忘的失去的記憶，還是以運動神經優良者較容易迅速拾回。

例如，以前打高爾夫球，但近五年來都沒有打過高爾夫球的兩個人。在中斷之前，兩個人的水準完全相同，但是A的運動神經非常地好，而B先生運動神經不太好，兩個人同時再開始打高爾夫球的話，則運動神經比較好的

A先生，較能夠迅速恢復到以前的水準。

相反的，記憶力較好的人，運動神經和直覺也可能比較好。記憶並不是一次想起所有的事物，而是將片段的記憶組合起來而想出來的。

直覺較佳的人要做這種組合作業，即使在片段與片段之間的空隙距離較遠的情況下，也能夠深具要領地將它們結合在一起，能夠迅速正確地使全體像再生。

告訴他人路怎麼走的時候，重現自己的記憶非常重要。路旁的商家、大樓不可能全部都記住，但是將殘留在記憶中的片段組合起來，例如，走了幾公尺之後會有個轉彎的地方，接下來到哪一家店的附近又有轉角等等，都可以告訴對方。

這時與直覺的好壞和運動神經的運動性有關，直覺和運動性較佳的話，即使無法清楚記得到達轉角的距離，可是也不會出現太大的誤差。如直覺較差的話，可能會告知比實際距離差距更遠的距離。

運動神經大部分是先天條件，可能很難鍛鍊。但是走在街上的時候，不要好像散步一樣地閒逛，要以豪邁的步伐，用觀察周圍的心情往前走，這樣就能提高記憶力。只要注意這些細節，就能夠磨練直覺和運動性，幫助記憶力的提升。

智能也會影響記憶力

在小學和中學的時候，相信有不少人曾經有智力測驗的經驗吧！準備了很多型態的問題，看你回答的程度，判斷到底能否做出正確的解答，來測量智商。

這個智能測驗的結果，事實上與記憶力有相當大的關係。例如，台灣的孩子和開發中國家的孩子同樣做智力測驗，結果則以台灣的孩子比較好。

那麼，是不是說開發中國家的孩子智商比台灣的孩子低呢？並不是如此的。

因為智力測驗本身與記憶有關的問題很多，雖說是智力測驗，但是不可能只出孩子們從來沒有看過，純粹為了測驗智能的問題，也會出一些如果沒有知識就無法回答的問題。如此一來，記憶力的好壞當然會出現在智力測驗的結果上。

所以智能到底是什麼？本身就是一個難以斷定的問題。利用智力測驗無法測定的能力、智能應該還是存在的。但是一般事物性的思考或是判斷的能力，如果就是智能的話，那麼**記憶力越好當然智能越好**，記憶力越能發展的話，智能也會跟著發展。

也就是說，日常所需要的事物藉著反覆練習，牢牢地固定在記憶中，提高記憶力的話，則在思考力和判斷力上就能夠擁有更高的智能。

在記憶時利用五感確認很重要

先前談及在背英文單字時，不光是看，還要一邊寫、一邊背，較能夠正確地記住。而如果一邊寫又自己發音的話就更有效了。比起光是看來說，一邊寫、一邊發音，讓自己聽到這些聲音，反覆好幾次的練習，就更能夠固定在記憶中。

這個看、寫、發音、聽的學習法，就是盡量使用感覺器官來記住事物的方法。看時所使用的是視覺，而聽則是加上聽覺，寫的時候加上所謂的動作，也就是加上觸覺。

當要記住某些事物的時候，**儘可能多運用五感**。與頭一次見面的人一起吃飯的話，不要光是想要記住他的相貌和名字，想想看吃些什麼東西、有些什麼味道、香氣如何、BGM播放的是什麼曲子，運用五感來記住，更能夠加強印象，深印在記憶中。

想要想起一些事物，卻一直無法想起來，可是有時候突然想到一些氣味或聲音時，就會想起這些事物。

光靠眼睛看想不出來，但是藉著當時無意識聞到或聽到的氣味或聲音，這些深埋在記憶縫隙間的線索，就能夠喚起記憶。

盲胞的嗅覺、聽覺、觸覺等非常地敏銳，能夠察覺到正常人無法察覺到的事物，並且記住，因此比起只依賴來自視覺資訊的健康者而言，能夠擁有更正確的記憶。

如果想要磨練記憶力，確實加強記憶力，**不要光依賴眼睛，要使用五感**來加以確認，輸入這些資訊幫助記憶。

聲音或者是氣味、味道、手的觸覺等等全都一起運用，則就能夠輕易地記住以往不容易記住的事物，而且不會遺忘。一定要充分活用上天特別賜與我們的五感才行。

舌頭的記憶力不好，無法做出美味的佳餚

有些女性記不住做菜的方法，覺得菜做得不好吃而感到煩惱。這些女性可能會感嘆「我沒有做菜的才能」。

但是，與其說是做菜的才能，還不如說是沒有磨練味道的記憶、氣味的記憶，因此阻礙了烹飪技巧的提升吧！

不會做菜的人雖然吃別人做的菜，只是若無其事地吃，覺得好吃或難吃而已。但是到底好吃的原因是什麼？到底用了哪些調味的方式？使用了哪些調味料等等，都沒有去考慮，也沒有打算去記住。

但是懂得做菜的人會經常研究味覺和嗅覺，遇到美味食物時，就會仔細思考到底使用了什麼東西？美味的重點在何處？而且讓它留在記憶中。回家之後藉著自己的記憶，檢查到底有哪些不同的情形，有哪些相同的情況。學會了這道菜，磨練自己的技巧。

大部分的人所使用的味覺、嗅覺的能力，只有原來的三分之一而已，所以平常就要注意到這些味道和氣味，努力記憶，立刻就能提升識別能力和記憶力。

在餐廳負責服務葡萄酒的酒保，光靠葡萄酒的味道和香氣就能知道葡萄酒的產地、葡萄的品種以及生產年份等，我們對他們的能力非常佩服，但是對於酒保而言，這並不是一種才能，而是訓練所造成的。

他們會注意到一般人所忽略的味道或香氣的微妙差距，而且記住。因此在嘗葡萄酒的時候，就能夠從這些微小的差距中，瞭解各種的事項。

每當主婦被人批評菜做得不好吃時，有的主婦就會說：「因為你沒有帶我去吃好吃的食物啊！」的確如此，想要做美味佳餚，記憶美味的食物是重要的要素。

事實上，我們並沒有充分使用味覺和嗅覺，因此，必須**要使自己的舌和鼻敏銳**，才能夠記憶住各種的資訊。

聽錄音帶比看電視更容易學會歌曲

在社會上有很多人會唱歌，有很多人不會唱歌，有的人只聽一、兩次就記住了歌詞，能夠唱得很好。而有的人即使聽了好幾遍卻記不住。

很多人認為記不記得住歌詞是記憶力的問題，但是，如果單指記不記得住歌詞而言，有些問題不只出在記憶力上。

歌不光是歌詞，還有旋律、節奏等各種要素，光是記住歌詞還是不會唱歌。也就是說，要記住旋律和節奏，與耳的記憶力有關。

中高年齡層的人會說：「我都不會唱最近年輕人的歌，記都記不住。」那是因為聽不慣最近這些歌曲的旋律或節奏，因此無法記住。

旋律和節奏不是每一個音獨立形成的，是幾個音相連所構成的。是否能夠掌握這種連續的音，是否能夠記住是主要的重點。

記不住的人可能會將一個音、一個音分開來記，因此一直都記不住，要以連續性的方式來記，較容易記住。

先前也敘述過，人類容易依賴來自視覺的情報，受到其影響，因此就算有許多情報進入耳中，可能聽過就算了。像進行英文的聽力測驗，如果和影像一起播放，則只會注意到影像，根本就聽不到到底在說些什麼。

要學會歌曲，與其一邊看電視一邊學，還不如聽ＣＤ或者是錄音帶，只使用耳朵來學習更有效。

下意識地使用耳朵，注意到底聽到了哪些音，分辨出音的微小差距，並把它記住，就能使聽覺敏感，也能夠提升耳的記憶力。

記住夢的方法

有人問我「該怎麼樣記住夢呢？」很多人對於夢有興趣，認為只要記住夢，就能夠出現連續的夢。

夢算是一種超短期記憶，只是殘留在頭腦中的感覺，不會殘留在記憶中。舉文字處理機和電腦為例，各位就容易瞭解了。電腦保存處理的資訊，將資訊命名，保存在硬碟或者是軟碟中，如果不進行這個作業，切斷電源的話，資訊就會消失。

夢就好像這個不進行保存作業的資訊一樣，在開關切掉的瞬間，也就是清醒的瞬間就會消失。而且在剛清醒時留下的一些印象，也會立刻消失。

想要記住夢的話，可以在枕邊準備好筆記本，清醒之後趁一切都還沒有完全消失之前趕緊記下來，除此之外別無他法。

研究夢的人，也會在手邊放置筆記本，清醒之後立刻拿起筆來，想到什麼就立刻寫下來。出現在夢中的人名、事物、景色等等，總之，將記住的事情全都寫下來。

如此一來，就可以當成夢的分析材料，有時也許可以因此而想出其他的事情。

不管是誰，都有一、兩次想要記住夢的經驗，但是如果要用腦的功能來記住，恐怕沒有效果。最好在清醒的同時，趕緊拿起枕邊的**筆記本記錄下來**，除此以外別無他法。

第二章

利用「順藤摸瓜式」增加記憶

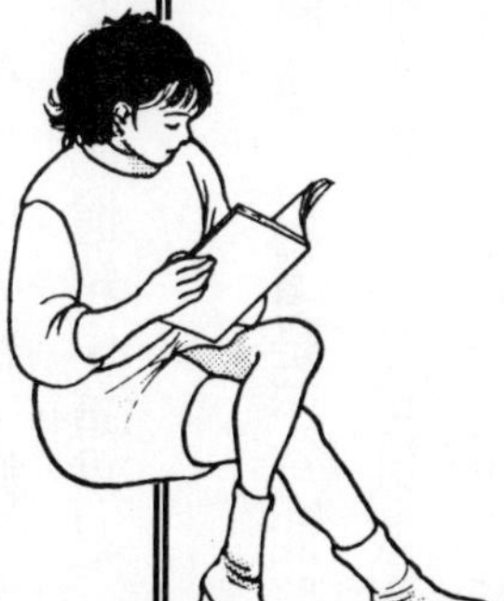

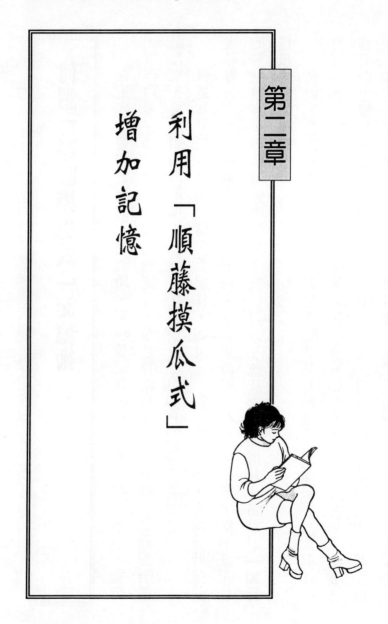

何謂「順藤摸瓜式」記憶術

在工作上要和重要的人見面時，至少要記住這個人的長相、名字、頭銜、工作內容、談話及下一次的約定等，事項非常地多。老實說，就算想全部記起來，可是因為有限度，所以，反覆練習時所花費的時間非常龐大。

但是為了工作著想，還是要記住。如果忘了對方的名字，在商談時是一大恥辱，可是這種事情往往會出現……。這時有一個好的方法。雖然該記住的要點很多，但依整理方法的不同，可以全部收藏在記憶箱中這就是**「順藤摸瓜式」記憶術**。

例如，你現在看的這本書，即使感覺非常有興趣，但還是不可能將本文的每一字、每一句全都記住。閱讀之後，對於特別喜歡的部分可以做記號，或者貼上標籤，隨時都可以再看。貼上標籤，可以在必要的時候找出其場所。不需要閱讀文章，只要看到小標題就可以知道所屬的內容了。從本文中找出感興趣的片語，稍微看一下前後的敘述，就可以完全想出大致的內容了。

這和用自己的腦來記憶是完全相同的。在記住一個人的時候，不需要勉強記住髮型或服裝等細節，最重要的就是姓名。只要記住姓名，其它的，只是留下一些印象而已。也就是說，記憶要先考慮優先順位，最重要的記憶要在自己的腦海中貼上標籤。所謂記憶力好的人，並不是能夠鮮明地記住每一件事情，而會配合必要，賦予強弱的記憶。

事後一旦想出最初清楚記憶的名字，就可以按照「順藤摸瓜式」一一想起這個人的長相、表情、談話內容……等，這就是所謂的聯想。

這個方法就是只要記住重點，就可以防止將無數的事物塞入記憶中，導致資訊過多，而陷入過度負荷的環境中。事後就需要聯想。但是，聯想的重點就是要仔細觀察。如果沒有殘留任何記憶的片段，當然什麼都想不起來，因此要對記憶賦予強弱。

此外，附帶標籤的部分一定要反覆回想，絕對不可以忘記。如果不知道標籤擺在哪兒，當然就不知道標籤的意義了。

書中所說的細節部分（記憶較弱的部分）等，在反覆練習時追溯標籤去找尋，也能夠有效地找出來。當然事後可以更換附帶標籤的記憶項目或是片語，因為必要的記憶有時也會一起產生變化。

先在腦的「抽屜」中製造關鍵

將記憶附上標籤，是為了留下容易引出記憶的關鍵。很多人自負能記住任何東西，就是因為能夠引出留下記憶的關鍵，所以可以永久記住。因此，記憶的標籤是非常重要的。

先前曾說過，即使在片語的部分附帶標籤，要找尋也很困難。如果是參考書的話可以利用畫線，或是用色筆塗抹來記住，這也是很好的方法。可是如果數目太過龐大，反而會造成不良的影響。因為這樣一來，沒有畫線的部分反而變得較明顯。雖然會背幾個單字，但是相關的單字都忘記了。

因此，必須要**建立適合自己的規則**。以書來說，附帶的標籤必須要擺在文章的開頭，以階段的方式來整理較好。不管是誰，一生當中都會閱讀幾本書，所以隨時都必須要記住廣泛的事項。為了避免龐大記憶的標籤凌亂，必須要將資訊摺疊整理，使其更為簡潔。

首先在記憶中建立一個書架，分出不同的部分，最上層是工作，第二層是運動等等。因為工作而要和對方洽談生意時，可以從記憶的書架工作層中選取出與客戶有關的書籍，再於附帶的標籤上記錄一些話題，或者是相關的事項，較容易引出記憶。

「順藤摸瓜式」基本中的基本是「再認↓再生」

想出這種行為有兩種，就是再認與再生。直接看到、聽到記憶的對象是再認。例如，整理房間時看到十年前曾經看過的書；經過母校前聽到懷念的校歌；或者是雖然忘記標題，卻能夠喚起記憶的直接刺激等等，就能夠使得內容和歌詞自然地浮現在腦海中。這樣的想出是很容易的。

而再生則不需要這些線索就能夠想出。雖然這種方式比較困難，但是如果學不會，就不具有記憶的意義了。

經常會有「咦？好像有什麼？」快要想出來卻又想不出來的事情發生。這時你的確記得這件事情。也就是說，真的發生了什麼事情，你打算想出來。打算想出來，就一定會想得出來。當時的痛苦只是因為資訊的整理方法太過於鬆散所造成的痛苦。

也就是說，並沒有做到先前所說的貼標籤的方法，等到真正需要的時候，例如，要寫視察報告書的時候，就完全無法想起當時在現場看到的情形，因此感到困擾。

這時只能夠再認。**利用容易想出的再認引導再生**。也許各位很難瞭解我所使用的詞彙。例如，寫報告書的時候，把當場調查時所拍的照片或者是記錄拿來，非常簡單。可以在公司的辦公桌上，一邊看這些記錄一邊追溯先前的印象，來寫報告書。

但是，這些記憶的標籤只是記錄了一些重點而已，如果依賴自己的記憶或是照片，可能會忽略一些事項，而且也要花費很多工夫。此外，必須要在辦公的時候整理，否則會降低作業效率。

相反的，如果能將當時的情況在腦海中整理一番之後再記憶，則文章的構成也會比較迅速。附帶標籤的部分不要太厚，當成印象殘留下來的部分也不要太多，可以直接反應在文書上。再認是很容易的，但是，平常必須要多做訓練，才能成為再生的記憶。

利用「體制化」使短期記憶變成長期記憶

像聯想遊戲似的順藤摸瓜式記憶再生的方法，就是不要把事項當成一個單體，而要加以「體制化」來記住。體制化的記憶具有能夠長期化的優點。

對於不感興趣的事情通常只會短期記憶，很快就會消失，而體制化所產生的連續性，就能夠加強印象，使其留在記憶中。體制化不僅容易記住，而且是能夠長期記憶的強烈記憶法。

我想有許多閱讀這本書的人，在工作方面只是以義務的方式來記住事物吧！不管好奇心的有無，拼命記住的事情也只是短期記憶而已，因此，這個技巧就是將各個事物體制化來記憶。

要領很簡單。例如，個人電腦的按鍵操作，按壓Z就會輸入「Z」。這時就要想一想，使用這個操作還能做什麼事呢？例如再按下「Z＋A＋變換鍵」，然後再想使用A能夠做些什麼呢……？Z成為一個「KEY」，就能擴大更多的個人電腦的操作。只要原因和結果連結在一起記憶，就好像金字塔一樣不斷地擴散開來。

而且「**接下來能做什麼呢？**」的思考，也是提高動機的行為，這個體制化能夠使得短期記憶變成長期記憶。

以一個流程來記住事物的「體制化記憶法」

舉個記憶方法不良的例子，就是在學生時代我們所背的歷史年號。有些人會用諧音來背，但是無法使用諧音的年號，現在要想出來也是一件辛苦的事情。

以片段的方式背冗長的歷史，腦海當然會陷入恐慌中，而且考試結束之後，對於不感興趣的事情馬上就忘記了。對記憶而言，要連接橫向知識，使用直線才能夠有效地作用。

請想想學生時代，有些同學將歷史背得很熟，即使考試不會出的範圍，他們也都能瞭解，當然是因為他們喜歡歷史。但是，這不光是動機的問題而已，記憶的體制化非常重要。通常要記住各種歷史的「流程」。

例如，西元一八四〇～一八四二年發生了鴉片戰爭，後來基於何種歷史背景之下，發生了哪些事件？而這些事件到底有哪些經緯……？這樣就可以追溯流程，想到西元一八四〇～一八四二年的鴉片戰爭。

也就是說，這就是一種**記憶的體制化**。一旦說出一種記憶之後，就能夠衍生出各種的記憶來。歷史非常拿手的朋友並不是因為記憶力超群，而是能夠掌握歷史的流程，隨時都可以使必要的部位再生。

當然他們也無法完全記住歷史的直線。例如，在腦海中對一八四〇年的鴉片戰爭貼上標籤之後，必須利用反覆練習的方式才能夠完全記住。同時以想像的方式掌握接下來的流程，這就是一種不會造成過度負荷的記憶法。等到突然需要出現一八四〇年的鴉片戰爭的時候，就會追溯原先的想像，隨時都可以輕易地想出來。即使是不感興趣的範圍，只要能夠以想像的方式掌握流程，相信你也能辦得到。

唱卡拉ＯＫ的練習是「順藤摸瓜式記憶」的典型

要記住整個流程，就好像背音樂的樂譜一樣。鋼琴師不需要看譜，就能夠彈奏冗長的曲子。先前也談及過，這並不是因為記憶力特別好，而是鋼琴師用身體來背樂譜。當然記住整個曲子也是一個重點，如果以一個個單體的方式來背畫在五線譜上的音符，沒有任何的意義。即使用鋼琴彈奏，也是叮叮地發出單音而已。

音樂必須是連續的音符所構成的，因此用錄音帶聽整個曲子記住音樂，然後一邊看樂譜一邊檢查比較詳細的部分。兒童音樂教室也是採用這樣的手法。即使不會彈樂器的人，請想想平常唱卡拉ＯＫ的曲子，不是每一個音，而是以整首曲子或是片語的相連方式來記住，出現一個片語的時候，下一個片語立刻就會順利地浮現在腦海中。

心理學上認為這是一種型態思考的方式。人類要記住某種東西的時候，會以一整個集合體來記住。型態就是「所有部分綜合而成的全體」，也就是主張全體佔優勢的想法。

例如，在紙上的直線上畫幾個點，看到了這個圖形時，人不會一個一個去記住，而會將兩點當成一個集合體來記住。人類具有將相鄰的兩者結合在一起加以認知的特徵。

像國字就是這樣的典型。例如，「人」這個字是「ノ」和「乀」兩個記號組合而成的。

以手寫的文字來說，即使是兩個記號的位置有點分開，但是我們也會把這個記號當成是一整個集合體來看，而知道這是一個「人」字。

將片段事項以單體的方式填塞記憶的方法，是違反人類生理的方法。因此**掌握全體，加以體制化**的記憶法是非常重要的。

父親不會說英文，是因為用短期記憶的方式背英文

在平常生活當中，幾乎不需要一些單體的文字。因為光是記住一個字沒有任何的意義。A、B、C也是同樣的。但是中學的英文課程是先背字母、單字，然後再教導文法、文章……從沒有連續性的部分先教起。尤其中高年齡的人應該非常瞭解這一點。

不瞭解整個流程的片段知識，無法形成一種長期記憶。勉強要反覆練習不感興趣的事，會成為一種難受的回憶，因此，現在有很多人把英文都忘光了。

要當成記憶留在腦海中，最適合的方法是完全相反的。也就是說，不斷

地以會話的方式來記住。對方當時的動作、表情是什麼?談話內容等等，要把它當成一整個氣氛來掌握。如果是簡單的內容，大致就可以瞭解了。一開始掌握整個會話的主旨之後，然後再瞭解這個會話是使用這種文法、是使用這幾個單字，這樣就容易記住了。

首先一定要掌握整體，然後再將重點貼上記憶標籤。只要從貼標籤的部分追溯想像，就能夠發展為各種應用。

經常聽人說英文不好的人單身到美國去，周圍的人都感到很擔心，不知道他要怎麼過活。看起來好像是有勇無謀的做法，但是要學會語言，這才是有效的方法。將毫無意義的ＡＢＣ暫時拋在腦後，平常能夠接觸到有意義的體制化的會話，才能使英文進步。

有的人說基礎很重要，但是記憶的基礎是動機、反覆訓練和體制化這三點。要使毫不關心的片段**短期記憶將其長期記憶化**，就需要這種反覆練習的方法。

利用開頭字母記住整個字

有一些簡稱，例如，USA就是「美利堅合眾國」、GPS就是「Global Positioning System」、LAN就是「Local Area Network」。而這些簡稱就算是一種順藤摸瓜式的記憶。

只要記住開頭字母，就能順利地說出接下來的辭彙。雖然是單純的開頭字母，但是，卻具有記憶標籤的機能。

開頭字母標籤全部組合起來非常地短，因此，也容易記住毫無意義的文字羅列。像LAN這種開頭字母的組合，就是很好的例子。而長期使用之後，LAN本身就好像變成一種辭彙一樣，這就能夠使得記憶長期化。

如果忘記了標籤，就什麼都想不起來了，因此，如果覺得很麻煩的話，只要**簡單地記住開頭字母**，把它當成標籤來使用，也是一種方法。

建立一些「故事」，就能夠提升記憶力

很多執教鞭的人經常使用一項技巧，就是在黑板上寫一些東西，然後說「啊！字寫錯了」，一邊上課，一邊開玩笑的技巧。這是在上課時經常出現的光景，很多老師在教學生們特別重要的項目時，就會使用這個手法。

為什麼呢？

事實上，這些小插曲能夠加強印象，不必下意識地去進行，也能夠自然地形成常期記憶化。

美國總統林肯昔日曾經利用沉默，讓自己的演說在眾人的腦海中加深印象。在持續冗長演說中突然保持沉默，這是怎麼一回事呢？使得聽眾更加關心。而沉默這種小故事就成為記憶的標籤，能夠長期記憶化，而事後要回想演說的內容時，就能夠以這種順藤摸瓜的方式想出當時的情景。

失戀的回憶或是親戚發生的意外事故，恐怕沒有人會忘記這些令人震撼

的插曲吧！雖然這是比較極端的例子，但是像學生時代，上課時老師的失敗，你至今仍然會想起來吧！

你也可能只記住這些，而忘記當時到底學到什麼……。

當自己想要記住一些東西的時候，**連同小故事一起記住**，是有效的手段。當然不必每次都要失戀，把要記住的事物寫在便條紙上，然後把紙吃掉也是一種方法。或者是下定決心吃昂貴的牛排也是一種方法。

總之，讓自己創造一些與平常不同的小故事。如此一來，長期記憶化的小故事和需要記住的事情，就會以順藤摸瓜的方式出現在記憶中。

讓對方記住自己姓名和長相的方法

不是自己記住，而是要讓對方記住的時候。像營業員要讓顧客對自己的姓名和長相建立深刻的印象，是很重要的。

有一陣子流行在名片上印上照片，這也算是一種有效的手段。至少顧客稍後可以藉著名片，再確認營業員的名字和長相。還有一點不可以忘記，就是當時這類的名片非常罕見，所以將名片交給對方時，對方會有「哦！上面還有你的照片」驚訝的反應，這也算是一種小故事。顧客會認為這名營業員和其他人不同，而對他另眼看待，就能夠長期記憶化。

但是現在這種帶有照片的名片已經不稀奇了，製造小故事的效果也降低了。但還是有一些製造小故事的方法。

要讓對方記住自己的時候，說話是很重要的方式。最不容易讓人留下印象的就是，能夠以流利的話語說明商品的營業員。因為對對方而言，並沒有什麼值得吸引的事情，也不算是一種小故事。

相反的，如果對方覺得你非常地剛毅木訥，而且說話方式不得要領的話，反而能夠提升業績。因為這類的營業員很少，對顧客而言會產生深刻的印象，成為一段小故事留在記憶中。

當然在自我介紹的時候，也必須要花一點工夫。例如，如果有一個人叫孟甫的話，則在介紹自己的時候可以說「我是孟子的孟，杜甫的甫」。雖然人名很容易被遺忘，但是，如果建立一些能夠使對方記住自己名字的小故事，就能夠達成長期記憶化的效果。

服裝和髮型對於建立小故事而言，也是重要的項目。在結婚典禮時，如果大家都是穿著黑西裝、打著白領帶，恐怕當場根本不知道誰是誰了。為了打破這些常識，應該穿一些比較顯眼的服裝，較容易留下深刻的印象。

不過，國人很討厭標新立異，因此，在工作上還是要遵守公司的原則，配合ＴＰＯ，在允許的範圍內稍微凸顯一下自己吧！

如果利用帽子、鬍子、眼鏡、小飾物等，凸顯一下自己也不錯。

記住事物的順序是有效的「印象化記憶術」

記住自己非常瞭解的事情，就能夠增加記憶力。有個實驗是將四十個單字和學校內的四十個場所結合在一起，讓學生記住。大約十分鐘後進行測驗，平均記住了三十八個字。第二天再進行測驗時，正確解答有三十四個字，得到滿分的人也很多。將一到四十個單字依序貼在校門到學校最後面的場所的位置，讓大家循序漸進地想出來。

譬如1是花的話，就和校門前盛開花朵的印象結合在一起。如果2是喇叭的話，則想像自己走到校舍正面玄關時，聽到樂隊在吹奏喇叭。而3是電視的話，則想到走入玄關時，最初映入眼簾的告示板是電視。也就是說，以這樣的方式建立一個印象深刻的場面。當然將香氣或聲音等五感的想像運用到最大限度，是最有效的作法。

而經常搭公車到公司的上班族，可以利用車站名稱，或自宅和附近的道路等等結合印象，就更容易記住要記住的事物了。

要依序記住時，印象化是非常有趣的方法。

①＝醫生、②＝兒子、③＝珊瑚、④＝司機、⑤＝舞蹈、⑥＝溜冰、⑦＝妻子、⑧＝爸爸、⑨＝舅舅、⑩＝食物，以這樣的方式**將數字與聲音的音韻合在一起的字**，較容易記住。

當然數字和押韻的字必須要習慣使用到某種程度才可以。平常如果需要記住順序的人，就要準備適合自己用的詞彙反覆練習，自然就會習慣了。

無關的事物要以「演連續劇」的方式來記住

先前說過，歷史非常拿手的人要發揮記憶力，就是能夠以直線的方式把握整個歷史的流程。

歷史的流程就是一個故事，也算是一個小插曲。他們能在無意識中記住許多容易成為長期記憶的要素。

但是，如果要記住一些與流程完全無關，像前項的測試等，就必須要利用印象化或開頭字母的方式。此外，還有長期記憶化的方法，和把握歷史的流程同樣的，可以自己創造一些故事，讓這些應該要記住的**事物能互相產生關連**。

例如，①名片②經理③台北車站④日出⑤高爾夫球⑥捷運⑦雜誌⑧白蘭地⑨電影⑩煙灰缸⑪帽子等是要記住的詞彙，那麼我編的故事則是：

「我和互相交換名片的經理在日出的時候，從台北車站搭乘捷運出發去打高爾夫球，一邊看雜誌一邊喝白蘭地，討論電影的話題，因為沒有煙灰缸，所以使用帽子。」

等到要求項目再生的時候，只要按照自己編的連續劇，挑出必要的項目就可以了。但是故事不要編得太長，儘可能是簡單、有意義的故事，較容易殘留在記憶中，而且能減少混亂。

利用諧音來記住數字

例如，二的平方根為一．四一四二……，就可以利用諧音記成「意思意思而已」，而三的平方根等於一．七三二……，就可以利用諧音「一妻三兒」來記住。五四〇八八則可以利用諧音，記成「我是你爸爸」。美國是在一七七六年獨立，一七七六年記成「一吃吃六碗」。

總之，要記住一些重要的數字的時候，可以利用自己容易記住的諧音來記住。

不記憶不需要的東西，也是一種記憶術

從記憶當中想起各個部分，以順藤摸瓜式來記憶時，這個方法非常有效，但是不見得全都能夠想起來。

當然全部都想起來也不錯，可是就好像在工作中多做了一些事，反而容易做錯而受責罵一樣。不需要的事物，還是忘記比較好，不用把它當成印象記在腦海中。

例如，「沒想到下雨了，我沒有帶傘，會淋濕，真糟糕」記住這個句子。事後要告訴別人時，需要記住的文字只有「雨」、「沒傘」這幾個字。根據以往的經驗，雨當然是下下來的。下雨時沒傘，一定是突然下雨，忘了帶傘才會淋濕，淋濕當然會感到很糟糕……。這一點大家都聯想得到。如此一來，就能夠順利地將文章的流程印象化，而且順暢地說出來，絕對不會傳達

錯誤的意思。要演講之前，只要先記住當天要講的主要重點，然後將這些重點連接起來，展開話題，是演講的訣竅。

推銷員當然要掌握商品的特徵，但是，這些特徵都不是靠著短期記憶就可以擁有的資訊。

要記住商品特徵的時候，只要想到這個商品比其他商品的功率較高、體積小、價格便宜，然後根據自己的經驗來述說就可以了。

當然如果是需要整個正確默背下來的事物則另當別論。而**只需要掌握重點**就可以的事物，不需要的部分一開始就不用記住。

人的相貌只要記住最有特徵的部位即可

在大學教一六〇個學生，很不容易把他們的名字和相貌對在一起。先前也說過，一週只見一次面，當然比較容易記住實習的二十名學生，除此之外的學生我都記不住。

但是卻能夠充分再認。也就是說，直接看到他們的相貌，就可以知道他是就讀××系的幾年級學生。但是再生的作業非常辛苦。在第一章中曾經說過，人的相貌容易記住，但是，是指見面的頻度較高的情況下。如果只見一次面的人，事後想要將這個人的長相記住、再生，不容易辦到吧！

舉個好例子，例如剪接照片。將臉上的眼睛、鼻子、嘴巴各自獨立成不同的部分，納入記憶中，然後在腦海中再架構。當然因人而異，會對於某些部分較感興趣，有些人可能只清楚地記住眉毛的形狀，有的人則記住鬍子。

也就是說，對於這些部分貼上記憶的標籤，將臉的整體像加以印象化，然後再進行順藤摸瓜式的聯想，這就是記憶的方式。因此，如果突然問只記住眉形的人「嘴形是什麼樣子？」問他記憶標籤以外的東西時，也許他會說「我不太記得了」，沒有辦法做明確的回答。

即使想要使整個臉的相再生，但是某些部分不合，所以等到剪接照片出來之後，再問他「是不是這個人呢？」他也許會回答「是的」。很多目擊者證言會出錯的理由就在於此。

通常十個目擊者各自清楚記得部分的最大公因數，就是正確的犯人臉的部分。十個人中八人所指出的眼睛、七個人所指出的鼻子、六個人所指出的嘴，構成了這個犯人的照片。真正能夠完整記住一個人的臉的人畢竟是少數。女性對於某些部分能夠具體地記憶，但是如果不反覆練習的話，就很難記住一個人的整張臉。

因此，沒有辦法記住他人相貌的人，不必覺得自己很卑微。就算印象有些不對，但是只要記住這個人臉的一部分，就容易再認了。曾經見過一次面的人，等到下次再見面時雖然不能記住全部，可是只要記住臉上**最具有特徵的一部分**，譬如說眼睛或是鼻子等等。等到下一次約定見面時，就不用煩惱認不出對方來了。

幼兒的記憶無法再構成

只記住對方最具有特徵的一部分，的確是很有效的記憶法。但是必須注意的就是，例如這個人戴著黑邊、底部像牛奶瓶的眼鏡，一看就是令人難以忘懷。認為自己已經完全記住了，但是等到幾天後再見面時，也許他當天戴的是隱形眼鏡，這怎麼辦呢？這麼一來，就算兩人面對面，你應該也察覺不到是那個人吧！

像這樣的例子以兒童較多見，尤其是在上小學之前的兒童。根據實驗證明，無法將臉的部分再構成，使其印象化。只能夠找出最顯著的特徵，無法將其他的部分印象化。就算親眼目睹到留著鬍子的犯人，只看到鬍子，卻無法掌握其他的特徵。當刮去鬍子的犯人被逮捕，請兒童再確認時，他可能會說是不同的人。所以即使兒童沒有說謊，但是，在法庭中卻不能將其所說的話當成證言來使用。

即使是大人也往往會犯這樣的過錯。記住一個人的長相，應該**要看不容易改變的部分**，例如，鼻子、耳朵或輪廓等等。當然記住兩個部分比記住一個部分更好，這樣子就具有再構成的能力了。而以順藤摸瓜式記憶法，從記住的部分努力進行聯想，就能夠想出整個臉的樣子了。

從部分開始記住場所

仔細看，在某個房間裡面的二十五個人的臉，過了兩小時以後，在不同的房間裡再看另外二十五個人的臉，然後要想出到底是哪些人待在那裡面時，九十六％的答案都是正確的。但是，當詢問哪一個人待在哪一個房間時，正確的解答降低為五十％。從這個心理實驗就可以瞭解到，場所的情報比人的長相更不容易留在記憶中。有的人可以在短時間內完全記住五十個人的臉，但是卻沒有辦法記住場所。

的確，場所或是風景比人的臉不容易記住，我也是如此。我不是在找藉口哦！當然也沒有這種機會和必要性。如果真要記住，那麼要記住到那為止的道路以及場所的名稱。

例如，從台北車站西站徒步○分鐘，或是在○○公園的隔壁等等。所以仔細想想○○公園的隔壁有哪一些建築物的記憶非常重要。

接著為各位說明一下，人類對風景到底是如何記憶的。這和看到人的長相時是同樣的。例如，灰色的高樓、在玄關前有盆景等等，利用某些部分就可以記住了。雖然在記憶標籤以外的部分再構成這種印象，但是其正確性卻比看到他人的臉時更差，從之前的實驗就可以瞭解。因此，在交換名片時，一定要在空白處詳細地記下當時時間和場所。因為原本就很容易忘記，所以如果能夠記下這些事物，就可以進行想像的再構成。

當然，我們也可以將不容易記住場所的這個特性巧妙地加以利用。例如，妻子逼問你：「今天我看到你和一個女人走在一起」，即使兩個人是在飯店前被發現的，你也不要慌張，因為妻子關心的只是那位女性而已，可能她已經記不得在哪裡看到你們了。

「哦！你是說在辦公大樓前看到的那位女性嗎？她是客戶，長得還不錯吧！」只要這樣冷靜地回答，相信就能平安無事地度過難關了。

但是，做賊心虛的丈夫可能會說：「妳看錯了！」這時妻子會仔細地想起當時的情報，「我不可能看錯的！」然後突然想到是在飯店前面發現你們兩個人，就會說：「你跟她怎麼會出現在這麼奇怪的場所呢？」」恐怕到時候就會引發爭端了。

記住之後最好立刻睡覺

早晨用功效果不彰，很想睡覺卻要拼命努力念書，恐怕沒有人會做這種傻事吧！因為即使再怎麼樣清醒，可是剛起床後的思考能力會降低。

如果在進行記憶學習之前取得三十分鐘到四小時的睡眠，則想起測驗的實驗非常差。從起床到學習為止，經過二小時到四小時之後，就不會出現這種不良影響了。

此外，取得六小時以上的睡眠，比四小時以內的睡眠而言，更不容易忘記。稍微睡一下，立刻進行記憶學習的典型例，就是熬夜工作時的打盹，但是這是記憶效果最差的習慣。在上課時打瞌睡也是如此。

例如，在就寢時聽到電話鈴聲而醒了，雙方約定了許多事項，但是到了

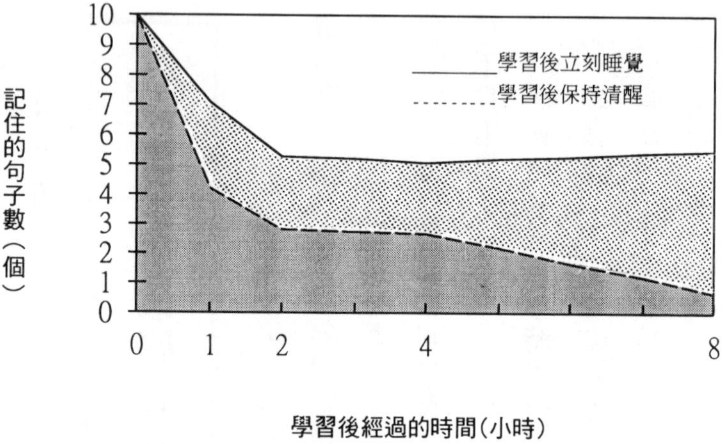

睡眠時與清醒時的遺忘曲線

學習後與其保持清醒，還不如睡覺，較容易使記憶殘留。
(根據詹金斯和達連巴哈在 1924 年作成的資料)

一大早時，可能根本忘記了細節。

不記得自己所做的夢或夢遊，可能與這個實驗結果有關吧！

最適合記憶的時間就是在就寢前記憶。記住該記住的事物之後，立刻睡覺是最好的，這也是基於實驗證明的事實。也就是圖表「睡眠時與清醒時的遺忘曲線」。讓被實驗者記住十個無意義的句子，然後讓這個人立刻睡覺，而其他人則過著普通生活。

過了一、二、四、八小時之後，進行想起測驗（調查遺忘的程度），結果如圖表所示，經過記憶學習後，依然過著日常生活的人，其成績比較差。在日常生活中的各種活動和體驗會阻礙記憶。相反的，記住之後立刻睡覺，就不用擔心這個問題了。

考試前一天非常想睡，但是，擔心記住的東西一覺醒來就忘記了，這些人可以安心地睡覺了。因為記住之後立刻睡覺，就不會忘記。相反的，如果認為只要熟睡一晚就會忘記討厭的事情，那你就必須要注意了，因為你會一直都忘不掉。這時你最好努力埋首於工作中，或者是建立一個能夠思考不同事物的環境吧！

無法持續記憶類似的事物

有一則笑話，是說付錢給麵店的老板，將零錢一個、二個、三個、四個……一邊數，一邊付給老闆的時候，突然問：「現在幾點了？」老闆回答：「九點了。」接著繼續數零錢十、十一……。故意問時間，結果少付了一些錢。

這就是阻礙記憶的一個例子。在記憶時或記憶之後如果出現類似的經驗，先前的記憶就會消失，或者是容易混淆。在現實生活中，這種情形經常出現，就是打電話的時候。和對方約好了見面的時間，如果這時旁邊有人跟你說：「明天八點你有約會哦！」可能就會對著電話聽筒說：「那我們明天八點見！」不小心約錯時間了。

我想在你的工作中也會遇到同樣的情況吧！如果說電器行老闆上午整理顧客名單，而下午則更換店舖的擺設，做完全不同的事情就沒有問題。但是如果工作內容越相似的話，則混淆的機率就越高。

像上午做了五份電視的估價單，而下午又做了電視和錄影帶的估價單時，就容易出錯。

不可以忘記的事情，在離開公司前記住

在工作時記住了某些重要事項後，不可能立刻把耳朵塞住耳塞就睡覺，

因此，如果必須處理一些事務的話，那儘可能更換處理不同內容的事務。經理也許必須要一整天和數字格鬥，但是其中最重要的工作、最不能遺忘的事情，在一天的最後階段來進行，也就是說在離開公司前來做。然後吃吃喝喝、睡個覺，避免再做類似的工作，以免造成混淆。

事實上根據我的經驗，**在一天結束之前所做的工作，最容易留在印象中**。但是不可以在做完之後，就和同事去喝酒，討論工作的話題。因為如果一邊喝酒、一邊討論工作的話題，容易導致記憶的混淆，使得記憶淡薄。

相反的，從事管理職務的人，重要文件的製作最好請部屬在離開公司之前再做。因為在加班時別人不會要求他再做其他的工作，而且做完之後立刻回家，則加班的事情也能成為一個小故事，留在記憶當中。這也是培養部屬的一個好方法。

但是這個方法在忙碌的時候就不可以使用了。即使是在下班之前，已經做了一整天的事情，非常疲累，再交付他其他的工作，會陷入一個過度負荷的環境中，腦子沒有辦法接受應該記憶的情報。當然為部屬著想，讓他建立動機是很好的，但是可能會引起部屬的反感，所以要先觀察狀況再嘗試。

記憶可以簡單操作

先前曾經說過，人看到不可解的東西時，都會利用自己的知識來記住。事實上，這就會成為誘發記憶錯誤的原因。

請注意左圖。如果你記得圖A是蜂窩，那麼當記憶再生時，你就寫下蜂窩這二個字。如果你記住的是「帽子」，那麼再生圖上就會變成帽子。看起來好像很類似，但是與原先的圖有明顯的差距。如果要讓別人記住的時候，你對他說：「圖B是數字二」，則再生圖就會變成二。如果你對他說：「這是數字八」，則再生時就會寫成八。這就是人類的心理。由此可知，記憶的確非常地含混不清。

讓目擊者看拍攝交通意外事故的照片，對於意外事故提出許多的詢問：「在車子激烈衝撞的時候，車速為多少呢？」卻得到意外的結果。如果是問

	記憶的圖	記憶的詞彙和再生的圖①	記憶的詞彙和在再生圖②
A	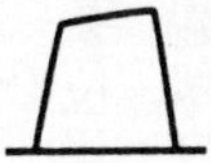	蜂窩 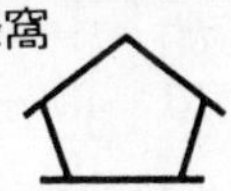	帽子 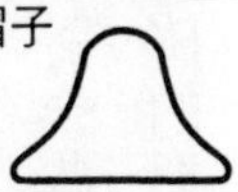
B		數字2 	數字8 
C	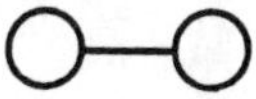	眼鏡 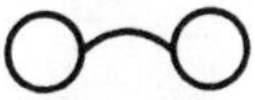	啞鈴 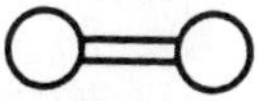
D		槍 	掃把 

（根據卡麥克等人作成的資料）

「擦撞的時候」或是「衝撞的時候」，會得到完全不同的答案。如果問「衝撞的時候」，很多人會說出較快的車速。

接下來這個實驗則是在看照片一週後，問目擊者說：「有沒有看到碎玻璃？」而最初看照片時被問道「車子劇烈衝撞時的速度多少」的人中，有三十二%會回答說看到碎玻璃。

但是，如果原先是被問道「車子擦撞的速度是多少」的人，只有十四%回答有看到碎玻璃。

事實上，照片拍下的交通事故現場並沒有碎玻璃，可是因為「車子劇烈衝撞」的誇張表現，使得目擊者認為「車速非常快」、「玻璃散落一地」等，歪曲了這個人的記憶。

像這種記憶的操作，在刑事的誘導上非常地可怕。本人並沒有察覺到被誘導，但記憶已經被歪曲了。

某位男性所打的高爾夫球擊中了另外一位正在打高爾夫球的人的頭，當時在觀眾席上有一位戴著茶色帽子的男性。在一小時後詢問目擊者：「戴帽子的人以高爾夫球擊中另外一個人之後就逃走了嗎？」

由目擊者來回答，三天以後請這些目擊者從六人中指出犯人來，而真正能指出犯人的只有五十八％，指出戴帽子男子的為二十四％。

如果不問他們：「戴帽子的男子是否逃走了？」則正確解答的機率達到八〇％。而會指出戴帽子男子的只有六％。這就是典型的誘導質問方式，也就是完全操作記憶的例子。

對一些模糊的圖形或光景，使用一些字彙來記住是很好的，但是如果需要正確的記憶再生的事項，則必須要注意命名。**不要受到別人誘導質問的影響**，必須要努力地使記憶再生。

實在記不住的事情，請他人記住

有的人真的很健忘，和對方說過話，卻想不起對方的名字，甚至想不起談話的內容。很多公司的偉大人物會問：「你是誰啊？」或者是「你剛剛說什麼？」然後讓秘書記住。但是大部分的人卻辦不到。

夫妻間也是如此。「喂！那個拿給我」、「那個是什麼？」、「那個就是那個嘛！笨蛋」。

結果根本說不出領帶這個字，而成為兩個人爭吵的原因。

如果是有能力的秘書或是能幹的妻子，聽到「那個」的時候，就知道是什麼東西了。有的人很瞭解對方，如果只說「那個」，對方就能瞭解的話，當然很輕鬆。所以在此介紹自己容易健忘，但可以利用他人的技巧。

有些人怎麼樣都說不出對方的名字，但是你明明認識他，因此，可以記住關於這個人的一些小故事。這時可以和別人討論這個人。

「上一次我們兩個人去了○○公司，結果忘了帶重要的文件，還好那個人帶了……」。這時聽到這番敘述的人就會說：「哦！小李還因為這件事情被罵了。」所以，如果想知道和你一起去的同事到底叫什麼名字，可以問知道這件事情的人，這樣就知道原來自己是和小李一起到○○公司去。

即使是看到、聽到同樣的事物，但因各人關心的程度不同，所以記住的部分也不同。對於自己而言缺失的部分，其他人也許牢牢地記住了。可巧妙地利用這個特性，就可以使你成為有能力的人。

我也使用過類似的方法。有時要跟實在沒有印象的學生說話，可是卻想不起他的名字來，又不希望對方知道我忘記他的名字，所以故意拉拉雜雜地談了很多的話，這時「高健，在等你吃飯呢！」聽到其他的學生叫他，於是我才說：「高健，有朋友在等你，那麼再見囉！」好像一開始就知道他叫什麼名字似的，然後當場離去。每年要記住這麼多學生的名字的確很辛苦，但是**利用他人的記憶**，是很聰明的方法。

雖然不是前項的記憶操作，但是這也是一種高度技巧。我也說過，很難使數字長期記憶化，不只自己，可能對方也忘記了。例如，先前曾說過，不知道是五萬元接受的工作或是三萬元接受的工作，在確認時絕對不要說：「到底是三萬元還是五萬元啊？」促進對方想起。

當你感到煩惱的時候，你要毫不迷惘地說：「那件事情五萬元應該可以了。」則對方可能會不確定地對你說：「我是跟你說五萬元嗎？」如果他無法明確否定的話，則表示他已經忘記了。即使實際上是三萬元，但是你也要堅持說：「你不是說五萬元嗎？」

此外，與記憶無關的就是年輕男性在街上看到陌生女子，想要邀請她的時候，也可以有效利用這個方法。「上次的事真是謝謝妳！」好像很親切似地對陌生女子說話，兩個人沒有見過面，對方當然想不起你這個人。但是當你說「謝謝」的時候，對方也不會狠狠地瞪你一眼，可能會問你：「我們見過面嗎？」這時你可以說：「因為承蒙妳的照顧，我才會有今天。」趁此機會與對方聊天，邀請對方。

當然，這時別人也對你用這種方法的話，你可就糟糕了……。

人的記憶量有限，利用他人的記憶並不是壞事。因為即使有同樣的經驗，但是關心的程度不同，記憶也不同。

拉拉雜雜地談了這麼多，我想強調的，就是**對於與自己無關的情報可以不管，只要注意感興趣和關心的事物就可以了**。有時可以互相彌補雙方的健忘，就能發展更圓滿的人際關係。但是，如果過度地依賴他人的情報，恐怕大家都只能擁有歪曲的記憶了。

第三章

利用「提升動機」增加記憶

會忘記工作對象的臉，但不會忘記美女的臉？

因為工作而互相交換名片的對象，可能臉和名字對不起來。但是對於在宴會中坐在旁邊的美女，恐怕就不會忘記吧！在街上擦肩而過時，也許立刻就會叫出她的名字，對她說：「○○小姐，前些日子謝謝妳了！」

當然在此隱藏著提高記憶力的重點。也就是說，要記住某些事物時，感到關心或有興趣的事情較容易停留在記憶中。

即使是交換名片的對象，可是如果是可能會發展為大生意的對象，你大概就不會忘記了。

一定要牢記這一點，經常翻閱手邊的名片簿。看名片能夠立刻讓你想起他的長相的人，可能是過去和你有筆大交易的公司負責人或是擁有共通興趣的人吧！想不起的人可能是你根本不表關心的人物吧！

不光是名字，對於數字如果感到關心或有興趣的話，也會記住。例如，關於自己所居住城市的預算額，恐怕能夠回答的人並不多吧！可是自己存摺裡面的金額，應該就記得十分清楚了。

也就是說，交換名片的對象或是要記住的數字等，必須要產生興趣或提高動機，就容易記住。

「越喜歡的事物越拿手」，記憶術也是如此

我因為工作的關係，接觸到許多人。在大學遇到其他的老師和學生們，在學會和大眾傳播媒體的資料蒐集上，也經常遇到很多的人。我天生就喜歡認識很多人，和他們談話，對此完全不會產生抵抗感。

營業員也是同樣的，與他人見面、和他人談話是一種工作。但是我的一位營業員朋友，他怎麼樣都記不住客人的長相，他很擔心營業成績會因此而降低，所以來請教我。

他從孩提時代開始就喜歡自己一個人努力地做一些東西，在大學就讀理

科，學習電子工學。畢業後在家電廠商擔任技術人員，接下來的十幾年都擔任技術工作。後來受到泡沫經濟的影響，轉到同系列的子公司去，工作也變成了營業工作。

因為是不習慣的工作，因此，他感嘆自己怎麼樣都記不住客人的長相。當然並不是因為更換職業而缺乏工作幹勁。

我建議他到了客戶那裡，不要光是推銷東西，也可以和對方談一談工作以外的話題。營業員必須先知道客戶的興趣，才能夠利用這些話題使對方放鬆心理，然後才開始進行推銷，這就是「推銷的技巧」，當然這也是能夠記住對方長相及姓名的「記憶的技巧」。

如果你想到：「那家公司的負責人是南部口音，和他談到八七水災的話題時，他不停地說話，真是一個很有趣的人……」，只要這樣想，就能夠記住對方的長相了。

當然能夠喜歡對方是最好的，即使是你不喜歡的人，如果也能夠對這個人產生好奇心，對待對方，自然就能記住他的長相。

因此，這名營業員對於他所要見面的人產生了好奇心，慢慢地就記住了對方的長相。

對於想要記住的事物產生好奇心，是提高記憶力的秘訣之一。為各位介紹一個典型的例子。

在東京某電視臺播放『電視冠軍』節目，也就是聚集在某一方面具有優秀才能的人，比賽他們的能力。例如，聚集一些喜歡蛋糕的人，要他們猜猜某個蛋糕是哪一家店的產品，或者是矇住眼睛吃吃看，然後說出店名來，看誰能奪得冠軍。很多人認為這是非常可笑的比賽，而一笑置之，但是比賽者卻能夠連細節都記住，這種記憶力真的令人非常佩服。

當然參加這個節目的人並不是熟悉什麼特別的記憶術，而製作單位也沒有事先告訴他們答案。

只是因為「喜歡而變成了拿手絕活」。因為開始感興趣，所以才會自然而然地學會。

想要學英文，要先訂立旅行計劃

兒童對於任何事情都能迅速記住。前些日子我到朋友家去拜訪，他們家就讀幼稚園的兒子很容易與人親近，他拿了二十個鹹蛋超人到我這裡來，對我說「這是○○，那是××」，一一告訴我這些鹹蛋超人的名字。

我對他的記憶力非常佩服。仔細詢問之下，原來他昨天才剛買了這一套鹹蛋超人。也就是說，他在幾小時之內就記住了二十個鹹蛋超人的名字和長相。他並不是努力全部記住，而是自然記住的。

事實上，孩子的好奇心很旺盛。每當看到或聽到某些東西時，就會問：「為什麼？」「這是什麼？」展現好奇心。這些好奇心能夠幫助他們得到各種的情報和知識。

雖然與記憶沒有直接的關係，有一個調查兒童好奇心的實驗。例如，在某個房間裡，讓幾個孩子玩一種玩具，然後再讓他們看另外一種不同的玩具，則孩子們都會立刻朝那個不同的玩具移動。

這是調查引出新奇性興趣的實驗。孩子們的好奇心比好惡的判斷更佔優勢，因此會撲向新的玩具。但是如果給資訊和知識豐富的大人新的東西，他們會先判斷對自己有沒有好處。即使覺得好像很無趣，可是也許對將來有用，所以會經過各種思考後再展現行動，這就是大人和兒童們決定性的差距。所以從記憶力方面來看，應該向兒童旺盛的好奇心學習。

當然，大人也有新奇性，顯著的例子就是旅行。景氣不佳導致海外旅行的旋風暫時陷入低迷狀態，但是最近又開始燃起旋風了。以前的海外旅行是以團體旅行為主，也就是到達當地的機場，等待觀光巴士來接，然後到固定的觀光地區去觀光，到免稅店去購物，觀賞這個國家的傳統藝能文化。行程表大致都已經決定好了。

不過，最近卻有自由行或是個人旅行的情形出現。

例如，夫妻打算到英國去旅行，購買旅行指南以及英語日常會話，儘量記住包括英文在內的英國資訊。即使毫無目的去上英文課的人學不好英文，但是只要想到可以到自己所嚮往的英國去旅行，自然就會學好英文了。

也許各位已經察覺到了，新奇性會因對象的不同提高或降低，如果不是很好的玩具或是海外旅行等深具魅力的對象，恐怕新奇性就不高了。**新奇性較高，記憶力也會自然地提高**。在此，就為各位介紹能夠提高新奇性或好奇心的基本技巧。

從想記住的東西中發現「新奇性」

有些人很不容易記住初見面的人的長相，可能就是因為新奇性或好奇心不高吧！對對方不感興趣的話，當然就記不住對方的長相。每個人都有他的個性，在談話時一定能夠發現對方的特徵，這就是好奇心的第一步。只要發現特徵，就能夠留在記憶中。

記憶力較高的人並不是直接看到對方、聽到對方說話，就記住對方了，而是在談話時想到「這個人的性格是這樣的」，或是「原來他有這樣的習慣」，而停留在記憶中。也就是說，不管是誰都可以發現對方的特徵和個性。但是如果自己不積極地進行讓這些特徵停留在記憶中的作業，就會忘記，而這個差距就會成為記憶力的差距。

考試時有的人覺得背不出歷史的年號或是所發生的事情，而覺得很辛苦。很多人會產生一種矛盾感，認為為什麼要背這些年號和發生的事情呢？但是面臨考試，迫於無奈，只好拼命地背。最後也會利用諧音的方式來背。

在背的時候利用諧音＝發現新奇性，立刻就能記住。而這個想要記住的行為，對個人的判斷力和洞察力也會造成影響。如果這個對象具有新奇性，就不用擔心了，因為能夠發現這個對象具有不同的性格，當然這與個人的能力有關。

俗話說：「霧中看花，越看越花。」因此，要**以新的角度來觀察記憶的對象**，這也是提高好奇心的重點。

所以即使再怎樣無聊的對象，要給與新奇性。是否能夠辨到，乃是能否提高記憶力的重大要素。

美女拿著罐裝啤酒，則二樣都一起留在記憶中

有時在足球轉播中間插入電視廣告，結果沒想到漏掉了得分的畫面，因此非常怨恨廣告。可是廣告卻是為了讓觀眾記住商品，運用記憶技巧的典型例子。

例如，有的是只讓商品發光，加強印象的方法，或者是具有魅力的美女和商品一起出現，加強印象的手法。當然商品和美女無關，但是看美女的同時，卻會將商品一起留在記憶中。

看到這樣的廣告，首先留下強烈印象的是美女的肢體，而聯想到的則是商品啤酒或是罐裝咖啡。

但是太極端的話也會失敗。例如，幾年前有一個廣告，有著豐滿上圍的兩個女演員穿著T恤在海岸奔跑的畫面。從正面拍攝，只看到女演員突出的上圍在胸前搖晃。

這個印象留在記憶中，可是因為胸部的震撼太大了，所以沒有人記得重要的商品名稱，可以說是一個非常失敗的廣告作品。

也許各位男性會覺得這是很棒的廣告，但是對於商品的廠商而言，卻是一種困擾。

失敗是「記憶之母」

先前敘述過，有好奇心、感興趣是很重要的一點，那麼該如何建立一個滿足記憶條件的環境呢？

以個人電腦為例，中高年齡層的人就算想要學電腦，恐怕也學不會吧！「現在這個時代，沒有個人電腦的話根本行不通……」因為有這種想法而開始學習的人，卻學不會。但是如果認為「學不會個人電腦就會被淘汰」，則任何事情當然能夠學會。因為在必要的時候，就會拼命地去記住。

桌子上擺著個人電腦，從第一頁開始閱讀入門書籍，可是學不會。因為這一類書籍本身就沒有趣味性，而且非常地厚，恐怕沒有辦法全部看完。

但是如果認為自己一定要學會，只好一邊看、一邊模仿。若是遭遇到資料全部銷毀的失敗，一定能夠記住。

以前學校的英文教育是以記住文法、學習單字為重點，因此英文的上課時間很長，但是大部分的人卻不會說英文。不過最近已經從會話先開始教起，很自然地就能夠學會英文。

相信在學習個人電腦的過程中，很多人都有資料消失的失敗經驗。我也曾在熬夜寫稿的時候按錯鍵，結果文字全部都消失了。這時必須要延長一天的截稿日，第二天我也是熬夜重新寫。也就是說，如果失敗或痛苦的體驗是最近出現的，就容易留在記憶中。工作的失誤、失戀，或個人電腦的失誤操作等等都能夠記住。

失敗為成功之母，而我認為**失敗也算是提升記憶力的一種方法**。

記憶錯誤是因為不想記住而產生的嗎？

我們通常不會弄錯約會的時間，但是卻經常弄錯工作上所約定的時間。相信很多人都有這樣的感覺。心理學將弄錯約定的時間稱為失策行為或錯誤行為，當然這也可能是一種單純的記錯或聽錯的緣故。而佛洛依德則認為是因為某種自卑，而下意識地造成記錯的行為。

但是，這兒所說的自卑和我們平常所使用的自卑定義完全不同。一般人認為自卑是「自卑感」，而自卑本身「違反現實意識的感情受到壓抑，直接保存下來，在無意識當中混入現實意識中所造成的」。

例如，自己沒有錢，並不算是一種自卑感。而自己身高很矮，會覺得是一種自卑感。平常沒有什麼感覺，但是看到身材高䠷的女性時或是感到焦躁時，可能就會對自己的身高產生一種自卑感。

佛洛依德認為弄錯約定時間的失策行為是不想和對方約定，或是不想記住約定而造成的。也就是說，對於約定的人而言，形成了一種自卑（無意識的厭惡，不想應付）的壓抑，因此弄錯了約定的時間和場所。

此外，保護自身自我的一種防衛限制也會發揮作用。和不想見面的人約定時，因為不能說不想見面，因而只好和他約定。當然如果故意打破約定的話，事後會產生自責之念，對心理造成極大的負擔。為了防止這種情形，因此，就會出現忘記或者是記錯的情形。這就是一種不損傷自己的保護方法。佛洛依德認為這是在無意識當中所採取的做法。

根據佛洛依德的說法，如果在文件中忘記填入一些事項，可能是無意識當中不想做這件工作的失策行為。更嚴重的例子是把文件丟在車上，可能是因為不想要這個文件，希望它被丟掉的失策行為吧！

藉著說錯的話、記錯的事瞭解個人的真心

對於說錯的話或是記錯的事情這種失策行為，為各位介紹兩個有趣的例

子。因為是有名的故事，相信各位也有印象。

一個是在奧地利議會的故事。奧地利眾議院委員會的議長在議會開始時說：「議會休會！」事實上還有重要的議題沒有討論，因此議會陷入大混亂中，局面無法收拾。原來是議長希望早點結束議會，不想召開議會，因此，在無意識當中把心中所想的「休會」的話都說出來了。

另外一個就是法國外相在聯合國演說時，打算希望大家遵守核武限定條約時，卻說希望大家能夠停止核子實驗。那就是因為法國當時因為核子實驗，而受到世界上眾人的指責所致。而他也很擔心核子實驗的問題，事實上自己也反對，在有這個想法的時候不經意說錯了話。

因為是重要的文書，所以法國政府在事先就已經製作完成，他只要把文書背好就可以了。雖然覺得自己已經記住了，可是在說話的時候卻說錯了。

說錯話的行為看似簡單，但說話與記憶力卻有非常密切的關係。例如，寫稿的時候要先寫草稿，說話時到底該說些什麼，也必須在心中先打好草稿，也就是使用記憶力。

在演說時有些人必須要先把草稿背了好幾次，記住演說的內容，而像法國外相就是在這個階段出現了錯誤。

在我們日常生活中經常說錯話或記錯事情，而仔細考慮這些錯誤，就可以發現到**這些錯誤卻表現個人的真心**。

例如，負責企劃的人搞丟了應該交出的企劃書，但是在你憤慨之餘應該先想想看，你要求對方交出的企劃是否是正確的做法呢？那可能是非常無聊的企劃，因此，對方在無意識之中就忘記了。

如果說與你約會的女性在約會的時間總是遲到的話，那麼，我必須很遺憾地告訴你，她可能是不想和你約會。

越「依戀」越能夠提高記憶力

我以授課的學生為對象，進行調查動機高低的實驗。問題非常簡單，就是讓他們回答在學校內的設施到底在什麼地方，請他們指出圖書館、教室、實驗室等場所。而能夠熟悉學校內其他場所的學生，我發現他們對於這個大學的定著度或依戀度較高。

也就是說，因為依戀，所以能夠記住各種的場所。

請各位想想自己的孩提時代，在小學就讀時，不管是誰都會到學校裡面探險吧！所以大概進入學校後一個月內，就熟悉了整個學校。這也表示兒童的動機較高。

利用這個方法，以進入公司一、兩年的新手為對象進行測試，讓他們寫公司內的各部屬、醫務室、餐廳、董事長辦公室、廁所等場所，如果說只記得自己所屬的部屬、餐廳和廁所的職員，表示他對於公司的定著度和依戀度較低。

平常很懂得應對進退的部屬做了這個實驗之後，也許你會意外的發現他根本記不住這些場所。

越不能弄錯的事物，越能夠記住

我因為工作關係，經常會被問到銀行的帳戶號碼。因為稿費、電視和廣播電臺的演出費用等等都要存入帳戶中，所以負責人會問我。雖然是使用好幾年的帳戶，但是每一次都必須看著筆記本或是「存款簿」來回答。

以提高動機的記憶術而言，我看起來應該對金錢沒什麼興趣吧！但是事實上我跟他人一樣，也有金錢慾望。

我想可能是因為擔心銀行的帳號記錯了，因此，下意識會採用這種動作吧！一旦弄錯會為對方造成麻煩，所以正確的看「存款簿」，告訴對方比較好。

我們也聽過「依稀記得」的說法，也就是說，很少人能夠正確地記住一些事物。

舉個身邊的例子來說，像自己的名字、住址、電話號碼、公司的住址及電話、自己的出生年月日、妻子的出生年月日和結婚紀念日等等，能夠輕易地記住這些絕對不能弄錯的東西。

置身於「饑餓狀態」下，能夠提升記憶力

我從學生時代開始就很喜歡爬山，經常出去爬山。花了好幾天爬到高山上，到達目標時的喜悅真是難以言喻。但是現在我能夠想到的，也只是下山時的事情。可能是因為肚子餓以及太疲憊了吧！不過因為我非常喜歡看「文字」，會貪婪地撿拾掉在車站的報紙來看。如果好幾天不接觸這些文字的生活，對於身為學生的我而言，會處於一種心靈的饑餓狀態中。

這與記憶力有密切的關係。

情報完全遮斷，長期持續什麼都聽不到、閱讀不到的狀態下去，就會出現輕微饑餓狀態。想要聽到一些什麼，看到一些什麼。這就是一種感覺剝奪狀態。在這種狀態下，對任何事情都會感興趣，就能夠提高動機及好奇心，

也就是能夠提高記憶力。

這也是所謂的洗腦方法。

聽說大戰中在中國大陸遭逮捕的美國士兵，就曾經接受社會主義思想的洗腦，當時所使用的就是這種方法。

被逮捕的美國士兵對於社會主義思想等完全不關心，即使叫他記住、叫他學習，他根本就充耳不聞。因此將每一個俘虜關在個人房中，別說是信了，連收音機都不能聽，處於輕微的饑餓狀態下，然後若無其事地擺了一張小宣傳單讓他們看。

裡面寫的當然是關於社會主義思想，閱讀之後再給這些俘虜們點心，或者是在受到限制的飲食中給他們一些特別的東西當做報酬。反正沒有可以看的東西，沒有可以聽的東西，只要是文字，不管什麼都很好。而且閱讀之後就可以得到報酬，因為這兩種效果，所以他們越來越愛看，不知不覺中就接受了洗腦。

我們平常過著社會生活，並沒有被軟禁在獨囚室中的狀態出現。但是的確有一些可以用這種感覺剝奪的記憶術。

例如，要參加某種資格考試之前，從考試的前幾天晚上開始，枕邊就只擺著一本考試的問題集，然後就睡覺。第二天早上醒了之後就吃東西，然後繼續睡覺。漸漸地就睡不著了，就會打開枕邊的問題集翻閱。這就是一種心靈的饑餓狀態，在這種情況下，對任何敘述都會感到興趣，就能夠很容易記住了。

當然對於以前就曾經用功過的人，這種考前對策是沒用的。

此外，讓他人記住事物的方法是這樣的。要讓討厭個人電腦的職員學會處理個人電腦的方法時，首先，不讓這名職員做任何事情，任何工作都不讓他做。

在桌上只擺著一臺個人電腦。他到公司以後什麼都不能做，又不能一整天無所事事，只能夠接觸個人電腦，稍微敲打一下個人電腦的鍵盤之後，得到年輕女性職員的稱讚，這樣子就能夠確實熟悉個人電腦。

雖然不是能夠輕鬆記住的方法，但是在必須記住的時候，或者是必須要讓對方記住的時候，可以使用這個方法。

「不安感」或「恐懼感」能提升記憶的動機

用老鼠做實驗。在長方形的箱子正中央用帶電的格子格開，一邊放入發情的公鼠，在箱子裡來回跑的公鼠立刻發現了帶電的格子。等到確認了之後，在格子的另一邊放入母鼠，這時公鼠因為充滿性慾，所以，還是會衝進這個帶電的格子裡去找尋母鼠。

這就是一種剝奪狀態，具有充滿性慾的動機（直接的動機），而產生朝向提高誘發性的目標（指的是母鼠）衝去的結果。

對動物而言，誘發性較高的目標有水、食物和性。而對於人類而言，水、食物和資訊是三大誘發性目標。

一旦處於剝奪狀態時，為了得到就會產生一種「積極誘發性」，相反的，絕對不會朝著「消極誘發性」的目標前進。

如果將人類關進一個帶電的箱子裡，因為無法忍受肚子餓，若格子對面有食物的話，也許會衝過去。

可是如果肚子吃飽的話，根本就不屑一顧。這就是說，格子對面的食物只是一個消極誘發性目標。

我這麼說，也許有很多人會認為「個人電腦」、「英語會話」等等都是具有消極誘發性的目標。而「工作」可說是最具有消極誘發性的目標了。

要朝著消極誘發性目標前進的方法有兩種，一種就是前項所說的，製造一個精神饑餓狀態。當然處於精神饑餓狀態時，會產生不安感和恐懼感，為了去除這種感覺，即使不喜歡的事情也願意去做。

另外一種方法就是處於糾葛狀態。例如，如果不做的話，可能會被公司辭退，或者是會減薪。剩下的路就只有拼命努力地去幹，這時就會跳入一個進退維谷的狀態中。

也就是說，**評價和報酬等追趕著自己時，一定能夠記住**，這樣就能提升想要記住的動機，很快就記住，而且成為能夠有效記住的動機。

得到稱讚，就能夠使記憶力飛躍提升

「我們經理啊！最近一整天都面對著個人電腦。我遠遠看去，覺得他真是太偉大了，沒想到竟然在那兒玩麻將遊戲，讓我一點都不尊敬他了！」

「咦?你去年的這個時候不是也很熱衷這個遊戲嗎?」

有一天傍晚坐在車上時，聽到ＯＬ的談話，令我不禁噗哧一笑。

我有一位朋友到了中年以後才要學個人電腦，因此不滿地發牢騷。花了很多時間終於會操作電腦了，原先即使再怎樣閱讀操作手冊，他也無法記住，感到厭煩的時候開始把個人電腦當成電動玩具來玩。

這是有理由的。因為懂得使用個人電腦的朋友告訴他，想要親近電腦，最好的方法就是玩電腦遊戲。玩遊戲之後就能習慣鍵盤和滑鼠。他接受了這個建議，結果真的熟悉了電腦。

我想在ＯＬ談話中出現的經理，早上一大早打開個人電腦的開關時想「

今天要記住表計算的軟體」。但是因為一直都做不好，感到很厭煩，所以開始玩麻將遊戲。

這位經理在公司裡學會玩電腦遊戲之後，在家庭中也能夠成為和孩子聊天的父親。以往根本看都不看兒子的電動玩具，因為自己在公司接觸個人電腦之後，也開始產生興趣，而且兒子也會教導他玩一些新奇的遊戲，覺得非常地有趣。

這件事情想和別人說，因此帶著部屬一起去吃飯。

「最近我在玩電動玩具耶！」很驕傲地說自己學會了電動玩具。

如果在你周圍有這樣的一個人的話，「經理，你會打電動玩具啊！你還真年輕耶！」要記住一定要稱讚他，這一點非常重要。

因為得到周圍人的佩服或稱讚，對於人類而言是非常高興的一件事情。所以，不論是電視遊樂器或是個人電腦的遊戲，都能夠提高動機。

某電視上的個人電腦廣告就是這種典型。剛開始時女兒說：「咦？你會啊！」流露出佩服的神情，因此，爸爸感到很高興。接著妻子又走了過來：

「啊！好棒啊！」讓他聽了很高興。

懂得稱讚非常重要，稱讚能夠使他人高興。如果你希望提高記憶力，**儘量被人家稱讚**是很重要的一點。一旦別人稱讚你，就算是阿諛奉承的話，你也要真心真意地接受，只要這樣就能提高動機、提升記憶力。

競爭對手的存在能夠刺激動機

前些日子遇到在個人電腦教室擔任講師的女性。於是我問她中高年齡層是如何學會個人電腦的呢？

她說記憶力具有個人差異，進步的速度與年齡或性別無關。她所服務的教室在進入學習之前，會將程度相同的人分在同一班，因此，學生們會互相刺激而使技術更進步。

升學考試或是公司的出人頭地競爭，當然也有一些水準相同的競爭對手。藉著相輔相成的效果互相提升能力。

昔日日本職棒的偉大時代中，曾經建立了長嶋茂男（現巨人隊教練）和王貞治（現大榮隊教練），兩人都異口同聲地說因為有對方的存在，才有現在的自己。

而在個人電腦教室擔任講師的這位女子，認為有同樣水準的伙伴，也會出現相反的情形。也就是說，有的學生的能力會不斷地提升，而有的人雖然在教室裡，但是討厭個人電腦，差他人一大截而失去自信，最後不再來上課了。

記憶有界限嗎？

人類到底能夠記憶多少的事物，雖然沒有定論，不過有人說記憶有界限。如果必須要記住大量的資訊，在你的頭腦中無法整理，無意識當中就會產生遮斷資訊的狀態。而社會心理學家米爾格拉姆，將這種情形稱為「過度負荷環境」。

過度負荷環境在工作忙碌，精神或肉體非常疲勞的情況下容易發生。尤其是要決定哪些事情，或是要處理哪些事情的時候，資訊量太多，那也必須做、這也必須做的情況下，已經沒有辦法再接受任何的資訊了。也就是說必須要考慮的工作太多了。

企業的重要幹部或是議員都有秘書，時間表的管理全都由秘書來進行，當事者幾乎都記不住。否則一分一秒的情報都要由自己來記住的話，會形成一個過度負荷環境。

當然如果是日常工作，而這個日常工作過剩時，也會形成過剩負荷環境狀態。例如，非常忙的大公司的櫃臺人員，幾乎都不記來訪客人的長相。因為如果要一一記住A公司的B先生因為某些事情而來到公司的話，會造成一種大恐慌。

因此，只以事務性的態度對待客人，儘可能不接觸個人資訊，否則就會形成一種過度負荷環境狀態，而造成無法處理情報的狀態。

要在宴會中記住所有人的長相，是不太可能的

參加學會或者是宴會，當時交換名片的人再次相遇時，有時候都會忘記他們的名字或是頭銜。我想誰都發生過這樣的事情。

在宴會中無法一一記住見過的人的名字和相貌，是因為這是一種過度負荷環境。

例如，在會場中和五十個人交換名片，對於有好奇心的幾個人，應該會記得住他們的名字和長相。但是要記住全部的人是不可能的，這就是因為過度負荷環境而引起的一種情報遮斷的效果。

在宴會上到底能夠記住多少人的長相和姓名，雖然具有個人差異，但是就算想要記住，由於精神、肉體的狀況，也會產生變化。過度負荷環境是一種本能的現象，很遺憾的是我無法來加以調節。也就是說，如果身處於一個過度負荷環境的狀態下，並不是因為忙而記不住，而是因為忙，頭腦無意識

中不想記住，在頭腦中自動地把記憶之門關閉了。

請各位想想先前的心理實驗。在一個小時內記住某個房間內二十五個人的長相的實驗。而從這個實驗中可以瞭解到，雖然一個人的長相能夠留在記憶中，但是場所等其他的資訊則不容易留在記憶中。

過著忙碌生活的各位讀者，也很容易陷入這種過度負荷的環境狀態中。如果說想要在宴會會場記住對方的長相，那麼，在談話結束之後**立刻將對方的特徵、興趣，或者是他是誰的朋友等細節寫在名片上較好。**

只是茫然地聽音樂，也能使頭腦旺盛地活動

過度負荷環境是指沒有辦法再繼續記憶的狀態，但是要加以調查卻很困難，只能夠依賴個人的實際感覺。

最簡單能夠實際感受到的就是音樂。例如，聽ＢＧＭ，同時開車。經過幾小時以後，聽覺應該會比肉體的感覺更疲倦吧！這時就會想要關掉ＢＧＭ

的開關。與其說是聽音樂聽膩了，還不如說是頭腦中已經塞滿了東西，神經變得緊繃，這就是一種過度負荷環境。

此外，最近有人說要去除壓力，最好的方法是聽音樂。不過音樂會造成聲音刺激，是一種資訊的處理。也就是說，如果茫然地聽音樂，頭腦也會旺盛地展現活動。

在過度負荷的環境中聽音樂，事實上根本就聽不進去。正確說法是雖然聲音傳達到鼓膜，但是卻沒有將其當成資訊來加以處理的狀態。看東西而言也是如此，在過度負荷的狀態中，即使進入眼睛的東西也無法當成資訊來處理，因此無法留在記憶中。

可以自行檢查過度負荷環境

是否到達過度負荷環境具有個人差異，很難分辨出來。

例如，兩個部屬整理相同的文件，假設是A與B。A立刻開始乾淨俐落地整理，但是B因為先前太忙了，根本不知道該如何著手。這種狀態下，根本無法繼續處理，這就是一種過度負荷狀態。

上司這個時候應該思考一下，雖然以前也曾經拜託他們做同樣的工作，但是為什麼會產生這樣的差距呢？當然兩人的事務處理能力不同，但是看起來B似乎做了很多的工作，而本人卻讓人感受不到他非常忙碌似的。

這時如果對他說：「B先生，你是不是偷懶啊？」事實上B已經達到了事務處理的界限，這種說法會傷害他。如果真的偷懶的話，反而連自己的管理能力都遭到懷疑了。

如果B偷懶，也可以算是一種過度負荷環境的過度防衛。雖然自己的記憶能力還有餘地，但是想要逃避工作。要調查B的負荷狀態，可以召集幾名部屬，做實驗就知道了。

首先自然地排二十個字母，讓他們記憶。花二十分鐘記住之後，再排二十個完全不同的字母，讓他們記憶。再經過二十分鐘以後，讓他們回答最初見到的字母。

到底會記住些什麼呢？一旦記憶類似的東西時，人的頭腦會陷入一種恐慌狀態，這就是一種順行抑制的實驗，藉此調查頭腦記憶的切換作用。如果先前是記字母，後來是記數字，那就能夠進行正確的記憶。

結論就是由這個實驗來看，如果B比其他部屬的成績更好，表示還有餘地，可以請他繼續工作。如果他自己發牢騷說真的做不下去了，可是藉著提高動機，還是能夠讓他繼續勝任工作。

如果他比其他部屬的成績更差，也許真的屬於過度負荷環境的狀態，這時要讓他身心放鬆，採取有效的方法。

依當時心理狀態的不同，記憶的事物也不同

兩個人看同樣的報紙，讓他們自由閱讀一小時，讀完之後將各自記得的報導寫下來。這時依看報方式的不同，每個人所關心的程度以及方向不同，當然所寫的東西越類似的話，表示兩人的興趣越接近，也就是價值觀越相近

。如果不同的話，則相反。

一邊看雙方所寫的東西，一邊交談，有時會發現「有這份報導嗎？」「是啊！是啊！真的有！」也就是說，有一小時的時間應該連報紙所有的部分都看過了，但是無法全部記憶，因此，很自然地只挑選殘留在記憶中的部分來看。

心理學上稱為心理環境或物理環境。也就是說，兩人的物理環境相同，但心理環境卻不同。

同時看、聽同樣的東西，但是能夠記住的東西卻不同。

例如，每天習慣從自宅走一定的道路到車站去，平常也許不知道郵筒在哪裡，但是必須要寄信的時候，立刻就會看到郵筒。

雖然平常都有看到，但是卻一直沒有記住。可能在腦海中感覺必要的時候，才會拼命地想起郵筒。因此重新喚起記憶，瞭解到「就在這附近」。

這證明了**即使同一人物，心理的環境也是經常不同的**。依當時建立的動機不同，能看到的東西、聽到的東西都不同。

瞭解夫妻相合性的印象地圖

曾經請大學生做實驗，讓他們畫印象地圖，以便瞭解心理環境和物理環境。

印象地圖也稱為認知地圖，就是在腦海中想出平常生活的場所，畫下自己所知的所有情報的地圖。學生們則請他們畫車站到大學教室為止的地圖。

對象是一年級學生和三年級學生，在五月時進行。一年級學生剛入學不久，只會畫比較簡單的地圖。例如，下車以後到教室為止，以道路為主畫出地圖來。而三年級學生的地圖則非常有趣，連路邊的店和設施都能夠詳細具體地畫出來。

三年級學生的地圖也有男女差異和個人差異。例如，喜歡蛋糕的人會畫出蛋糕店來，喜歡抽煙的人會畫香煙的自動販賣機。甚至有的人把撞球店、書店、餐廳的地圖都畫出來了。

這可以當成瞭解動機程度的線索。對於經常去的場所、產生好奇心的場所、關心的場所，較容易留在記憶中。因此，請對方畫印象地圖，就可以瞭解個人的生活。

請夜總會的女性畫距離住家最近的車站周邊的印象圖，結果非常有趣。如果先畫出來電動遊戲店、速食店、麵店等，就可以知道她們經常在這些店中吃飯。如果畫的是超級市場，蔬果店、麵包店、花店的話，就可以想像到的確具有生活感。

這也可以應用來調查夫妻或戀人的相合性，以及進行欲求診斷。兩個一起到海外旅行，即使平常生活不同，但是旅行一定要一起行動。例如，一起走在外國的街道上，雙方看同樣的東西，吃同樣的食物，兩個人覺得「非常快樂」而歸國了。

歸國後不久，讓兩個人畫在街上散步的印象圖。看結果就能充分地瞭解雙方的價值觀和欲求等。

例如，妻子想的是「很想買那家精品店的套裝」，因此畫出的地圖中有很多的精品店。而丈夫則是想「只知道購物，不能到美術館去」，所以先畫出美術館。因此看記憶的內容，就可以知道夫妻的關係了。

現在甚至出現剛走出結婚會場就離婚的伴侶，以往也有過「中正」離婚的說法。結束蜜月旅行之後，在中正機場下飛機的伴侶，應該請他們接受這個印象地圖的問卷調查，也許會發現一些有趣的事。

喝酒時的記憶，一旦喝酒時又能夠回來

喝過酒之後第二天早上，因為宿醉，所以完全不記得昨天晚上的事，陷入一種自我嫌惡的狀態中。由於酒精造成記憶喪失，沒有辦法想起酩酊狀態時的事，稱為「Alcohol Black Out」。

在酩酊狀態下，真的會使人喪失記憶嗎？曾有個心理實驗做過這樣的調查。

空腹時三十五度的伏特加酒，每一公斤的體重喝二．二毫升，以這樣的

比例在十分鐘內喝完的一群人，還有另外一群沒有喝醉的人。在喝過酒之後要他們在簡單的地圖上背一些道路的名字。

結果，沒有喝醉酒的人當然都能夠記住，而且在想出的成績上也很好。此外，喝了酒之後的記憶，在喝過酒之後再想起時，不會出現記憶障礙。反而在喝過酒的記憶，清醒時要想起的話，記憶會更不好。這就是一種Alcohol Black Out現象。相反的，如果在沒有喝醉時記憶，喝了酒要想起時成績更差。這也就是借酒消愁的理由之一。

更特殊的一點，就是「沒喝醉↓沒喝醉」群和「喝酒後↓喝酒後」群的成績並沒有很大的差距。也就是說「並不是喝酒時沒有記憶，而是不想回想起來」。

例如，在自宅中一邊啜飲威士忌、一邊想第二天要發表的企劃案，最後喝得太多，就可能會出現「Alcohol Black Out」現象，這時就必須要注意了。一邊喝酒、一邊記憶的話，也許在發表企劃案前一小時喝一杯酒，會出現好結果。不過當然這些必須靠自己努力，不可以靠酒來幫忙……。

也許在晚上交際應酬的時候一邊喝酒，一邊開作戰會議，則當時的作戰都不會忘記了。

煙真的會導致記憶力減退嗎？

在台灣，正宣導戒煙活動，最近喜歡抽煙的人其活動範圍越來越狹隘了。像車站、月臺、電影院等公共設施，大部分都是禁煙地帶，在餐廳裡面也有很多的禁煙席。

有句話說「煙霧迷漫」，現在走在街道上造成煙霧迷漫的，應該都愛抽煙的人吧！有人說持續抽煙會使記憶減退，我不是醫師，所以我無法進行醫學調查，看煙是否會使記憶力降低。

但是煙具有神經的鎮靜效果。如果使神經鎮靜的話，應該是能夠製造一個容易記憶的狀況才對。比起頭腦茫然時而言，在神經敏銳時較容易記憶。

作家在寫稿之前可能會叼一根煙，在電視劇中經常會看到這樣的場面。

在考慮麻煩事情或進行思考作業之前抽根煙，也許是煙能夠幫助記憶，或幫助記憶再生吧！

將記憶的開關隨時擺在ON上面的方法

如果十個商品的商品說明必須要在十天內記住，你會以什麼樣的方式來記住呢？①一天完全記住一個商品，花十天的時間來進行。②一天記住十個商品，提升能夠說明全體的水準。③前五天記住五項，後五天記住五項。

不管哪一種都是非常辛苦的作業，但是我建議各位採用的是②，提升整體的水準較好。因為不管採用哪一種記憶法，則十天後的說明水準應該都不會改變的。

但是我建議各位採用②的理由，是因為先記住之後，再藉著一些關鍵提升動機，則已經記住的拿手項目就不會忘記了。在必須記住的十天內，只坐在桌前記憶並不好，應該要一邊進行營業或交貨的工作，一邊記住。當然記住的商品也必須與業務有關。

頭一天只要看看十個商品，一邊和客人談笑風生，一邊說明商品，反覆練習就能記住。

最重要的就是記住的作業、日常業務和私生活不可以分開來，要透過整個生活來記住商品，能夠提高動機，也許你會在意外之處發現記憶的啟示。

人有各種記憶的開關，要經常讓它擺在ＯＮ上，即使是豎立在通勤路上的郵筒，如果你的記憶開關沒有擺在ＯＮ上，它也無法進入你的腦海中。有很多人認為工作不能夠帶進家庭裡，但是在家庭中也不要將「工作的記憶開關」擺在ＯＦＦ上。在公司裡不要將「家庭的記憶開關」擺在ＯＦＦ上，這才是提高動機的秘訣。

以前的考生利用「恐懼感」和「定出界限」來記憶

在以前大學畢業生不多的時代，並沒有所謂的考試產業，考生只能夠依賴字典和教科書來學習。現在可能會被當成笑話來說，可是以前真的有人撕過字典的書頁吃掉，以這樣的方式來背英文單字。正確將字典背好的字撕下來吃掉。

很多人會懷疑到底是否真的有效呢？這個做法的確有兩個優點，一就是產生一種不能夠再學習的「恐懼感」。由於以這樣的方式讓自己進入一個進退維谷的狀態中，所以會自己對自己說「絕對不可以忘記」。

另外一點，就是因為已經記住，而產生的「定出界限」的作法。就好像文章要畫句點一樣，到這裡的部分都已經記住了，因此，以畫句點的方式把紙吃掉。

以提高動機的「靈活記憶術」來看，的確是很合理的想法。關於「恐懼感」先前已經談及過，在此不再探討了。

為各位介紹的是「定出界限＝區分」。

決定終點來記住事物，對於提高動機而言，是非常有效的手段。「今天要背到這個部分」、「背到這兒之後，今天就可以休息了」，先定出界限來，才能夠使得第二天的學習動機繼續持續下去。

此外，就好像旋律一樣，如果以每一音節來區分較容易記住一樣，只要定出界限，就容易記住了。

在現代這個時代，可能沒有吃字典的考生了，但是，還是應該向「恐懼感」和「定出界限」學習。

將七個以上的事物切短，放入頭腦的「記憶室」中

有句俗話說：「男人一走出家門就會遇到七個敵人」。不管敵人的數目是十人、五人都無妨，但是為什麼要使用「七人」這個數字，令人感到很奇怪。美國心理學家米勒將「七」這個數字稱為神奇數字。

「七」這個數字不多不少，是恰到好處的數字吧！

英國記憶兼邏輯學家，將一把豆子投入箱子裡，調查一眼能夠數出來的數字到底有幾個。

到四個為止的話，一〇〇%都能說出正確的數字，到第五個時就會出現誤差，到第七個時的正解率為七十五%。到第八個時就降低為五〇%。到第六個為止，都能夠正確地說出來。

也就是說，要背七個以上的事物時，恐怕很難記住。所以，如果將這個數字區分在六個以下的話，就容易記住了。

例如，電話號碼是八個數字，因此如果以〇〇〇〇—〇〇〇〇的方式來背，就容易記住了。也就是說，在**記憶羅列的數字時，可以利用區分的方式來記住**。

此外，先前敘述過七這個數字是容易記住的數字，因此企劃書整理為七項，在揭示教訓或是目標時訂七個項目，比較容易瞭解。

欣然接受記憶的惡作劇

「咦？以前好像曾經經歷過這種場面，但是實際上是否真的經歷過，就不得而知了。」

相信各位都有這樣的經驗。也就是說，雖然是頭一次看到的情景，卻覺得以前似曾相識似的。這不是一種記憶，而是一種錯覺。

如果能夠下意識地感受到這種似曾相識似的回憶場面，也許生活就會更快樂了吧！例如，初戀時約會的公園或是電影院，少年時代快樂的情景等等，也許在夢中就能夠重新體會到，而產生一種令人懷念的感覺。

想要靠自己的意識召喚出這種似曾相識的感覺是不可能的。但是有一種方法，能夠讓你每天都好像見到以前的戀人，或者是嚮往的人。

例如，走在街上時，當你在想「啊！那是○○小姐」的時候，仔細一看，原來看錯人了，會不會有這樣的感覺呢？

也就是說，這個人的印象殘留在頭腦中，看到類似的人時就會帕地產生一種直覺反應。你看錯的對象，事實上在無意識中已經強烈記憶在自己腦海中的人，也就是以極高的動機記住的人。

應用這個方法，就可以讓你遇到想見到的人。如果你想見到以前的戀人，從早上開始就一直想她，想她走路的方式、髮型、服裝、動作等等，關於她的記憶全都想出來，漸漸地你一定會在某個地方發現「啊！〇〇小姐」。

也許這時你所見到的昔日的戀人，在幾秒鐘後就消失了，因為只是你看錯了別人而已。但是，不要說短暫的喜悅立刻就會結束，只不過是看到了幻象。這種懷念的滋味也不錯。如果真的偶然巧遇對方，也許會造成更悲傷的結果……。

能夠集中的時間以十五分鐘為限

學校上課的時間，小學是四十～四十五分，中學、高中是五十分，大學以後為九十分鐘。通常這一段時間是能夠集中精神學習的時間。不過最近上課時間為四十五分鐘的大學也增加了，也許是因為認為大學生要保持九十分鐘的集中力，是很困難的。

集中力沒有辦法保持一定的水準，時時會產生變化。

開車也是一樣，有時也許是頭腦茫然地在駕駛，但是必要的時候自然就能集中精神。

在節目中，電視的廣告通常每隔十五分鐘就會播放出來。也許電視節目會吸引觀眾注意力的最大時間是十五分鐘吧！像廣播電臺大致每隔二～三分鐘，最長的話不到十分鐘，因為五感當中只使用耳朵，所以容易厭倦。

事實上，這個電視的廣告間隔，可說是人類能夠集中精神的時間吧！像長時間的連續劇等廣告間隔超過二十分鐘的話，有人就會覺得太長了。

就像背英文單字一樣，短時間儘可能集中精神背很多的字，因此花一小時坐在桌前。但是，這時很自然地背到某一階段時，就會停下來休息，然後繼續集中精神背單字。

這時可以利用電視的廣告間隔，例如，「**集中十五分鐘背單字，休息三分鐘**」，反覆採用這個作法，較容易集中精神，而且也容易分配時間。

休養是提升記憶力的一大要素

一旦疲勞時缺乏集中力，記憶力會減退，相信大家都有這樣的應驗。中小企業診斷師和會計師等資格的取得，在學生和上班族之間掀起了旋風。有些上班族就業後為了取得資格，而到補習班去上課，然後再回到公司裡加班。可是這種作法讓人擔心他是否有睡覺的時間。

不過，就提高記憶力而言，光靠這種作法還不夠。因為一旦太過於疲勞時，資訊無法進入腦海中，這就是先前所說的過度負荷環境的狀態。

「即使疲勞也能夠記住，這不就是靈活記憶術嗎？」也許有的讀者會這麼說，但是如果不休養，絕對無法提升記憶力。如果辦不到的人，那麼你就去購買「在睡眠時也能提升記憶力」的器具吧！

不過，這兒所說的休養不只是身體，還包括心靈＝精神的休養在內，要使頭腦放鬆，什麼都不想是最重要的。什麼都不想，在這個高度資訊化的社會是很難做到的。而在日常生活中能夠閉目養神也不錯，不過也可以下意識地閉上眼睛，使神經集中在耳朵，自然就可以努力從耳中得到情報。

做到的方法之一，就是在車上不要看書報，只是茫然地看著窗外。車窗的景色也許能夠流露許多的資訊，但是，比起看週刊、廣告而言，更能夠達到心靈的休養。

很多人把車上當成是家裡的書房，但是，我想在車上擁有心靈的休養，對於記憶力而言，是比較好的作法。

第四章

知道記憶力的構造，更能夠提高記憶力

越想記住反而越會忘記的記憶構造

記憶對於生存在資訊氾濫時代的人而言，也許是影響人生的關鍵。一定要好好地判斷，必須要記住的事情或是不必記住的事情，需要記住的就要確實記住。是否能夠辦到這一點，對於工作和人際關係會造成極大的影響。

得到本書的你，瞭解這一點之後，看到此處應該有一些心得了吧！那麼對記憶力而言，最重要的到底是什麼，相信各位都已經瞭解了。但是，在此還是要讓各位詳細地瞭解一下記憶的構造。

我因為職業關係，必須要閱讀各種的書籍，因此有很多的書籍。當然我不可能記住全部書籍的擺放位置，如果一年使用兩、三次，我就會記住它在書架的位置。

我並沒有想過自己為什麼會記住，但是仔細想想，也許這就是一種反覆效果吧！一年反覆使用兩、三次，靠自己的身體來記住了也說不定。

還有一個原因可能就是放回書架，或整理書架時的記憶。也就是小故事。將同樣大小的書擺整齊，將同一系統的資料整理好，在這種行為中出現的小故事，形成一種記憶。書封面的顏色或者是大小，這些小事都能成為一個小故事，停留在記憶中。

如果能夠下意識加以活用，就能夠提高記憶力。

有很多營業員會煩惱「沒有辦法把名片和人名對起來」。尤其是在宴會或展示會上，與初次見面的客人交換許多名片時更是如此。但是不要放棄，先前已經敘述過了，只要下意識地製造一些小故事，就能夠提高記憶力。

最有效的方法就是拿到名片時，叫這個人的名字。短時間內反覆叫這個人的名字，和他談話，就能夠將這個人的印象留在記憶中。只要能夠留下記憶的話題，都可以討論。

當然，也可以反過來利用這個方法，讓自己留在對方的記憶中。儘量讓對方叫自己的名字，儘量說一些讓對方能夠加強印象的話題。有很多的營業員不是讓自己記住對方的名字，而是讓對方記住自己的名字。像一些忙碌的營業員，必須面對不特定多數的人，如果說記不住對方的名字，感覺很難為情，那麼自己無法讓對方記住名字，應該是更難為情的事。

已經再三敘述過了，對記憶而言動機很重要。而最重要的不是自己的記憶，而是讓對方記憶。

很多人認為所謂記憶就是什麼都要記住，但是因時間、場合的不同，有時**讓對方記住、讓對方記憶也很重要**。

有時我和好像記不起他名字的人談話時，也會覺得非常尷尬。事後慌慌張張地看名片的檔案，才發現我對於這個人根本沒有任何興趣或印象，但是這個人卻記得我。也就是說，對這個人而言，我是他感興趣的對象，或者是在見面的時候，多多少少留下一些印象吧！

我通常不稱呼對方的頭銜，而稱呼對方的名字，我認為這樣較容易殘留在那個人的記憶中。因為像經理或課長的頭銜在商業世界中，這一類的稱呼太多了，所以不容易留在記憶中。

記憶不是一種單純的構造，動不動就依賴記憶術，無法提升效果，越想要記住反而越容易忘記，越想讓對方記住，對方反而越會忘記你。所以首先一定要瞭解記憶，**從各種角度去探討其利用法**，這才是提高記憶力的唯一方法。

瞭解記憶之後，知道不能記憶或沒有記憶的說法，根本是毫無意義的煩惱，這樣就能夠提升你的記憶環境。

記憶力好的人真的是頭腦好的人嗎？

有的對於自己的記憶力沒有自信，會說：「我在學校裡都不用功，尤其一些需要背的教材，更是棘手。」反過來有的人則說：「學校的課業雖然很好，但是最近頭腦不靈活，對於要記住新的事物，根本沒有自信。」

記憶與頭腦的好壞有關嗎？

結論是有的。但是頭腦好是指「集聚的思考」與「擴散的思考」等兩種型態。而「集聚思考」優良的人，可以說記憶力比較優良。

所謂集聚思考，簡單地說就是說出答案的能力。能夠找出一個答案或是導出正解的能力。一般所謂「頭腦聰明」指的就是集聚的思考。這時與記憶力有關。也就是說是否能正確地得知許多的知識，考試前用功就代表這一切。

很多人所想到的智商，事實上就是這種集聚思考的測驗。集聚思考以遺傳的部分較多。在你周圍應該有很多這種例子，例如，醫生的兒子成為醫生，畢業於好大學的父親的孩子，也到好的大學去就讀。

但是，不能就全都歸咎於遺傳的因素，在家庭中也有學習的環境因素，這個要素更重要。能夠經常反覆學習是最好的環境。也就是說，適合反覆效果的環境，還有能夠提高目的意識的環境，都很重要。當然考試技巧以及能夠得到父母指導的環境，這些環境面的影響並不少。

如果你覺得「自己無法用功，所以記憶力不好」，那麼，可以轉換一下想法，從環境面去找尋原因吧！可能只是沒有一個可以用功的環境吧！你再回頭想想，一定會發現原因就出在這裡。今後要記住事物的時候，要選擇一個容易記憶的環境，這就是重點。

反過來如果你認為「我書讀得很好，但是……」，那麼請你再確認一下自己的記憶力。要自己創造出一個能夠發揮記憶力的環境。

除了集聚思考之外，還有另外一種型態就是擴散思考。

擴散思考，換言之就是創造思考。想出新的企劃，或者是要解開沒有結論問題的卓越能力的發揮，都算是一種擴散的思考。有課題卻沒有答案，是在做生意時經常遇到的場面。在這種情況下，如果有一個能夠提出嶄新的解決方案的人，就表示他擴散思考力非常地優秀。而這一型人的思考應該是過去的思考，極端地說，是一種過去的知識，已經老朽的情報，與記憶力沒有任何的關係。

存在記憶中的知識情報，並沒有加上任何的因素（集聚的思考），即使有知識和情報，也算是一種完全無關的思考。像天才愛迪生沒有考取高中，就是因為他不懂得集聚的思考。

但是相反的，他卻具有擴散思考的才能。也就是所謂天才型的人。像小說家、發明家大多都是擴散思考優秀的人。

而像中央政府的高級官僚，則屬於集聚思考力優良的人。概言之，人類應該就分為這兩種型態吧！當然不能說何種為優、何者為劣，因為對於任何組織而言，都需要這兩種型態的人才。

將擴散思考者的想法，實際具體地訂立成企劃加以實行的人（集聚的思考），兩者都非常珍貴，都是不可或缺的。

立刻瞭解「擴散思考力」的強弱

看過前項，也許許多的讀者會認為：「要發展集聚思考力非常辛苦，那麼就提高擴散思考力好了。」

因此，我們就來稍微地探討一下擴散的思考。

關於擴散思考的研究目前還很新，這一方面的範圍在此為各位介紹計算創造性的有趣測試，稱為用途測試。

「例如，這裡有舊報紙，這些報紙可以用來做些什麼？儘可能想出一些獨特的使用方法。」對學生們提出這個問題，而你也暫時把目光離開本書，思考一下吧！

女學生們，會立刻說出以下的答案。

炸油炸食品的時候可以鋪在下面吸取油分，因為報紙會吸油。如果擦拭玻璃窗的話，能夠立刻去除污垢。基於同樣的理由也可以擦拭鏡子，放在濕鞋子裡面，能夠使鞋子乾燥……。

雖然瞭解這些工夫，但還是很平凡的做法。

有的人還說可以剪下報上的文字，寫一些威脅的信函，這是比較激烈的做法。還有人說可以做高級的視力表，以階段的方式利用從大到小的文字。這雖然不是嶄新的方法，可是也是一個好的構想。也可以算是一種擴散的思考吧！

你的答案中會浮現何種利用方法呢？如果你能夠擁有比以下所介紹的方法更有趣的想法，那你可以算是天才型擴散思考力極強的人。

答案是這樣的。

首先在報紙的四角放瓶子，例如，四角擺好瓶子之後，把一張報紙擺在上面，讓物體從上方掉到報紙上。如果報紙斷裂，則用兩張報紙。如果再斷裂的話，用三張。如果用三張不會斷裂的話，則表示這個物體的重量是沒有辦法弄斷三張報紙的重量，也就是，說可以用來測量物體的重量。

當然不知道它有幾公克重，但是，可以比較複數物體的重量，非常有趣的想法。

報紙給人的概念通常是用來包東西，給人紙的印象，但是利用報紙會破裂的性質，而產生這個好的構想。

如果說你也可以想出兩、三種這個構想，那麼你就不需要什麼集聚的思考，也就是記憶了。你可以離開記憶的世界，而摸索才能之路。

就算你只能想出平凡的答案，也不要感到感嘆。先前敘述過，需要有好的構想的人，但是，也需要能夠付諸實行的人。擴散思考力強的人，據說沒有統率力，所以由這個意義來看，不需要悲觀。只要提高本書集聚的思考力，也就是記憶力就可以了。

組織需要兩種的思考，我們研究者也是如此，需要兩種型態的思考。社會組織也是同樣的，需要持續進行他人研究的型態，以及自己發現課題的型態。

沒有「記憶力不好的人」

「記憶是集聚的思考，智商是集聚的思考。集聚思考既然是遺傳的，那麼記憶也會遺傳嗎？」也許你會這麼想，但是你不要弄錯了，記憶和智商是完全不同的。

先前也談及過，記憶與動機等各種要素有關。配合必要的時候記得住或記不住，和智商本質是不同的。所以，記憶不能算是一種遺傳，只能說記憶的根源會遺傳。

例如，對哪些東西感興趣等等，可能與遺傳情報有關。

也就是說，基本上並沒有記憶力好或不好的人。

「可是，現在我身邊的確有記憶力好或不好的人存在啊！」

我好像聽到有人提出這種反駁理論。所謂記憶力好的人，真的記憶力全都很好嗎？記憶力不好的人，真的全都記憶力不好嗎？不會如此的。如果真是如此，那麼記憶力不好的人，應該將一切都忘記了，那就變成一種癡呆狀態了。

如果你認為「自己記憶力不好」，那麼，很明顯是一種錯誤的想法。只是你對應該記住的事情不感興趣，或是沒有動機及環境不良而已。

當然也有例外，也就是所謂天才白痴型的人。例如，「西元兩千年一月一日是星期幾啊？」可能這種人能瞬間回答出來，或者是將車站站名全都背出來，這些人只能夠按照文字的敘述背誦而已，除此以外沒有什麼好處。

記憶是需要應用的，如果只是記住而不加以應用，只不過是默背而已。默背以某種意義來說是一種記憶，但是並不是本書所說的有幫助的記憶。所以，我認為不能說這種人的記憶力很好。如果你尋求的是這種記憶術，那麼可以去看一些默背術的書籍。

花一個晚上將整個內容默背下來，就是屬於這種型態的做法。等到考試過了之後，殘留在記憶片段的東西全都蕩然無存了。當然對實際生活沒有任何的幫助，也不會再想出來。

但是為了避免考試失敗，必須記住的事物不能算是沒有幫助的事物。先前談及過，記憶種類分為短期記憶和長期記憶等兩種，而次項再為各位繼續探討下去。

記憶的三大種類

有的人長大成人之後，還能記得住兩、三歲時的事。但是兩、三分鐘前才詢問的他人的名字，可能就忘記了。

如果將記憶種類單純化，則是以**感覺儲藏↓短期記憶↓長期記憶**的步驟進行的。所以，會記住以前的事情是一種長期記憶，兩、三分鐘內忘記的當然是屬於短期記憶。

而更短的記憶是感覺儲藏。也就是說眼睛看過之後立刻就忘記了。例如，在閱讀時看文字瞭解意義之後，文字逐漸就忘記了，也就是說這只是一種感覺，非常短命的記憶。但是這的確是一種記憶。剛開始，你也許認為這不是記憶，但是當時已經瞭解，而且以此為基礎，也吸收了相關的情報，所以，這種短期記憶的確是存在的。

到底有多短呢？有時只有四分之一秒的短暫壽命。關於這一點，有以下的實驗。

一邊看什麼都沒有放映的螢幕中央，在旁等待的觀察者，以二十分之一秒的短暫時間，放映每四個字排成一列的三行文字列，然後問被實驗者到底看到什麼。

結果可能只能說出四、五個正確的字。然後觀察者又說：「你應該看到了更多，只是在向我報告的時候忘記了。」再繼續做實驗時，發現事實上可以看到九個字。十二個字當中九個字，也就是七十五％在剛看過之後是可以利用的記憶。但是，在提出報告時，卻忘到只剩下四個字，這就是一種感覺儲藏。

有位研究者說感覺儲藏是一種網膜殘像，可能是儲藏在腦中。也許正確的說法不能算是一種記憶，但是對於我們的情報處理能力而言，卻能發揮重要的作用。

瞬間就能夠記憶，即使四個字都具有不同的意義，也是非常有趣的資料。因此，我建議電話號碼以每四個數字來區分，也具有同樣的意義。雖然不能說是實驗或科學的根據，但至少這是一個經驗法則，所以，以四位數來決定比較好。

再回到原先的話題。瞬間的感覺儲藏在報告時，這個記憶應該算是短期記憶。一邊看電話本，一邊撥電話號碼的時候，在撥的時候還記得住，撥完之後就忘記了，至少在幾分鐘之後就忘記了，這就是一種短期記憶。

在記憶電話號碼等毫無意義的事物時，短期記憶的範圍僅止於七個字而已。當然因為是短期記憶，大約二十秒後就消失了。

如果要將其長期記憶，就必須要以體制化的方式來記住。就好像學習外國語言一樣，要反覆地練習。所以不會忘記自家的電話號碼或公司的電話號碼，就是因為這個反覆效果所造成的。

短期記憶經過一段時間就忘了，因此應該是沒什麼幫助，但事實上並非如此。因為立刻就忘記了，所以不會形成一個過度負荷環境，反而應該要大量地遺忘才對，這就是所謂的天才白痴。

那麼，這個性質對於工作是否有幫助呢？我們來探討一下。例如，進行檔案作業時，不要做複雜的分類，以七個程度的範圍來分類，較能產生效率。而文件附上編號的時候，也以四位數的範圍來編號更有效。

短期記憶中到底有哪些內容呢？根據研究結果，大約有七種意義。簡單的說，就是在短期記憶的倉庫中有七個箱子，每一個都收藏了一個記憶素材。而在倉庫中毫無意義的數字有七個，人名等名詞有七個，標語等也有七個。經由訓練，也許能夠增加一個箱子的大小，但是限度仍然是七個而已。因此，重要、不可忘記的記憶情報，必須要進行長期記憶才行。

但是，長期記憶並不是下意識去做就可以記住的。要自然地反覆練習、自然地建立一些小故事，自然能形成長期記憶。像能夠記住學生時代同學的長相就是一種長期記憶。

長期記憶就是當你在找尋這個記憶的線索時，也能夠想起相關的許多事項。就會出現「他曾經喜歡過一個女孩子……」或是「我和他到的那個地方是……」，而形成順藤摸瓜式的各種記憶，都湧現在腦海中。

如果女孩送給你禮物，同時說「你不要忘記我」，在你收到禮物的同時，這就會成為一種強烈的記憶，儲存在長期倉庫中。

這類的記憶是在無意識中存在的，如果下意識地要記住，更容易使這種記憶長期化。像個人電腦的語言、冷酷的客人之長相，都能夠成為一種長期記憶，放在不會遺忘的記憶倉庫中。該怎麼做才好呢？像先前所說的要提升動機，藉著反覆練習的效果，還有建立小故事等，加以體制化。

也就是說，本書先前做了許多的敘述，就是希望各位能夠**將容易遺忘的短期記憶變成長期記憶**。只要使用這些技術，自己的腦海中就會留下長期記憶。

經常聽人說：「最近記憶力不好。」我認為問題只在於記憶的方法而已。記憶與體力有關，當然也包括年齡的問題在內。因此，只要自己多下點工夫，就能使記憶長期化。

記憶系統沒有年齡差

但是，你們知道記憶這個作業是從什麼時候開始的嗎？在前章曾經談及，幼兒對他人的臉的長相，沒有辦法進行記憶的再構成。所以，能夠進行記憶再構成的是小學低年級的兒童。但是，事實上很多人從幼稚園開始，就已經擁有這種能力了。

目前還不瞭解其構造，不過只要腦充分發達，在記憶上就不會有任何問題。也許各位覺得很難相信，但是有人甚至記得生產時的光景。通過產道時的記憶是「啊！看到光出來」，還鮮明地記得。關於這一點我沒有辦法說明，至少我認為這樣的人必須具有非常發達的腦，才會記住這麼久遠的事情，這是不能否認的事實。在胎兒的階段就能夠感覺到光、聽到聲音，這是經由實驗證明的事實。

胎兒時期就能聽到母親的聲音，母親所做的蛋花湯的味道也能夠形成一種反覆效果，留在記憶中。這種幼兒時代的記憶會成為一個人的個性，表現出來。

也就是說，以某種意義來說，記憶本身也具有個性。喜歡的東西自然就會記住，不喜歡的東西自然就不會記住，這在先前已經說過了好幾次。會形成好惡的個性，事實上，也有可能是由記憶所造成的。

從胎兒時代開始就有了記憶，而這個記憶隨著年齡的增長而逐漸發達。而關於其構造，近年來不斷地加以研究，後來發現記憶系統本身的構造並沒有年齡差。只能說幼兒欠缺將情報長期記憶的能力。

隨著年齡的增長，語言發達、反覆練習機能發達，就能夠提高記憶力。不過系統本身並沒有任何的變化。也就是說，**記憶的發達只不過是處理能力發達而已。**

由記憶可以瞭解一個人的個性

在此，我們來探討一下記憶能夠瞭解個性的說法。

先前說過利用記憶可以進行依戀度診斷，也可以用來進行性格診斷或者是相合性診斷等。記憶可以說是映照出感興趣對象等的鏡子，它有個性。例如，看同一本書，過一段時間之後，詢問兩個人記住的部分是否相同。通常都會記住自己感興趣的部分，這也顯示出了個人的性格。

當成對象的書不見得是小說等故事性的書籍，非常難解的實用書也無妨。也許看起來比較辛苦，但是，在記憶上就能產生鮮明的差距。如果只記住細節部分的人，可能是比較神經質的人。能夠掌握整個大綱的人，可能個性比較大而化之。曲解書本主旨的人也許動察力較深，或者是屬於容易懷疑的性格……。事實上，可以做各種的推測。

利用這個方法可以進行相合性診斷等。先前也介紹過了，在旅行時感覺到的事物，以寫報告的方式提出，也是一種有趣的做法。雖然看的是同樣的東西，但是感覺不同，記住的東西也不同。但並不是不同就表示兩個人不合，甚至有時不同反而能夠互補。

對公司新進人員利用記憶進行測驗，藉此可以讓他們擔任適當的職務，這種做法在將來也許是非常有效的方法。也許可以藉此瞭解個人的個性和深層的心理。雖然要實施這樣的實驗非常困難，不過我想可以讓他們拿著地圖去走一段路，回來之後把這條路上記得的事物都詳細地報告出來，可以依記憶的內容而掌握這個人的個性。

對於別的部門派來的人，也可以適用這種做法。為了能夠有效的記住新部門的工作，也可以使用記憶的特徵，就是不讓這個人做與先前部門有關的任何工作，讓他陷入一種感覺剝奪狀態中，以人為的方式製造一個必須要適應新工作的環境。

如果是調職，先前的工作成為這個人的記憶，也就是個性的部分非常的多，所以使用這個方法來加以改造，非常有效。

但是，太過分的話就變得沒有個性，反而是傷害人格的做法了，因此必須要注意。

記憶是個人的歷史及經驗，也可以算是個人的本身，如果不瞭解這些主旨而實施這個方法，就會成為一種危險的心靈控制法。

一旦理解記憶時，不光是提高記憶，同時也能瞭解許多的事情。

記憶有男女之差嗎？

現在，我們來探討一下記憶的男女差問題。

一般而言，事務工作等的記憶能夠發揮作用的工作，較適合女性，這是真的嗎？結論就是記憶並沒有男女差，雖然目前這方面的研究還不進步，我無法斷言。但是，心理學上認為並沒有這種結論出現。

關於思考方面具有明顯的男女差，男性拿手的是抽象的思考，而女性則適合具體的思考，關於記憶方面，使用毫無意義的素材做實驗，並沒有發現任何的男女差。

這時候最需要的就是，要用毫無意義的數字或是記號來做實驗。這種「無意義」非重要。也就是，若使用有意義的某個詞彙等做實驗時，如果是女性感興趣的詞彙，當然女性出現的結果比較高；而如果是男性感興趣的詞彙，當然是男性出現的結果比較高。所以，要利用完全無意義的事物來進行實驗，幾乎沒有什麼有利或不利的情況出現。

記憶沒有男女差，這是實驗證明的。但是，在此我們要探討一下，在日常生活中，我們真的會去記一些無意義的事物嗎？因此，想要記住的慾望，以及動機的建立都很重要。

ＯＬ結婚以後，成為專職的家庭主婦，結果記憶力減退了。可能是因為覺得不必再從事工作，不需要公司的人際關係等等，不需要利用記憶，才導致記憶力減退吧！

也就是說，當**感興趣的對象越多時，越能夠提高記憶力**。如果沒必要，就會降低記憶力。如果記不住必須記憶的事物，只是不懂得記住的方法而已。

記憶力沒有男女差，但是男女的思考不同，記住的事項也不同，所以事實上這是一種很健全、理所當然的結果。

默背術是一種很困難的方法

看到此處，也許各位已經瞭解到只是將整個事物默背下來，對記憶而言是毫無意義的做法。不過還是有人認為「如果要熟悉默背的技巧，該怎麼做才好呢？」我們就來探討一下這方面的話題吧！

希望各位能夠明白，如果要使用默背術，需要付出相當大的努力。因為默背術本身對於記憶而言是非常辛苦的作業，況且，這就好像本書先前所敘述的無聊枯燥的技巧一樣。

當然本書所敘述的靈活記憶術有很多是應用這個想法，以某種意義來說，的確非常有效。但是，光是以默背的方式來記住，無法應用。如果要能夠應用，默背起來非常地辛苦。

對於記憶而言，最重要的不只是默背而已，還有動機以及反覆練習都非常重要。

把狗和dog兩個字一起背，想到狗就想到dog，想到dog就想到狗，的確是有效的默背法。但是如果不反覆練習，就無法成為長期記憶而殘留下來。如果不是在美國生活或是工作，不必使用這些英文，沒有這些動機，記憶力就會減弱。所以，均衡地驅使先前所說過的記憶力三原則，才是能夠實際運用的記憶術。

那麼，是否只要多練習幾次，就能夠提升記憶力呢？對於這個問題，經由過去好幾次的實驗已經證明，即使反覆練習，也無法提升記憶力。

要提高記憶力，必須要提高動機，反覆練習，並將其體制化。同時還要瞭解記憶的構造。

無用的努力只會製造過度負荷的環境。光是記住記憶術，而記憶重要事物的頭腦的軟體容量減少的話，並非上策。所以瞭解方法是最重要的。

遺忘的記憶躲藏在腦的某處

關於記憶，目前有很多我們不瞭解的部分。

記憶是指腦的功能，但有的人說是記憶物質的功能。關於這一部分，目前還不瞭解，不過，目前已知成為長期記憶留下來的記憶，的確隱藏在腦的某處。

動腦的外科手術時，醫生不小心接觸到腦的某一部分，患者突然會說以前學過但已經忘記的外國話。也就是說，到底在腦的何處？以何種型態保存？我們不得而知，但是，的確是以某種型態深印在腦海中。即使沒有外部的刺激，但是因為某種關鍵也可能會再想起來，這就是先前所談及的記憶的再生。如果能夠自由的再生，就算是非常完善的記憶術了。但是，在記憶中很難進行再生。

舉我自己的例子。我經常有機會接觸出版社的人，或者是電臺的人。以前在偶然的機會裡遇到一位大眾傳播媒體的人士，當時沒有時間，因此約定幾月幾日的某個時間再見面就分手了。到了約定的前一天晚上，在我的記憶中想要想起這個人到底長什麼樣子，但是怎麼都想不起來。

可能是當時的氣氛或是我大概知道這個人的味道吧！（也就是說能夠再認）因此再碰面時立刻就認出了對方。但是見面之後，發現與我先前所想的長相完全不同，對於自己記憶的錯誤感到很驚訝！

大家都有這樣的經驗。由此可知，雖然能夠再認，再生卻很困難。如果在頭腦軟體中不能夠巧妙貼上標籤，很難再生。

像先前所說的手術患者，隱藏在頭腦軟體深處無法取出的記憶，可能不只是貼標籤的方式不對，而且因為後來記憶的累積，所以，把這個記憶蓋起來吧！

容易再生的資訊，應該是指在頭腦軟體中能夠經營取出之場所的資訊，需要再生的記憶，自然就能夠反覆練習。

女性較適合記憶的再生

再生作業以女性較為拿手。

記憶力基本上沒有男女差，但因為思考方法的不同，因此，女性的再生能力比較高。先前也敘述過，男性對於抽象的思考、女性對於具體的思考比較拿手，所以，女性適合再生作業。

例如，男性可藉著這個人的氣氛或氣味等等來加以判斷，但是光是這樣還是沒辦法再生。而女性則會對於服裝或髮型等各個部分加以記憶。

像這種具體的記憶很容易再生。

在做剪接照片的時候，女性對於部分的記憶較容易說對，等到整體完成之後，整體的氣氛則以男性的感覺比較正確。

如何將這種特性運用在自己的記憶術上，相信各位已經瞭解了。盡可能要**具體的記憶，較容易再生**。當然並不是說任何的事物都是如此，不能夠忘記的事物、必須再生的事物在加以記憶的時候，要運用女性的思考迴路，一部分、一部分具體地記下來，這一點非常重要。

相反的，如要要掌握整個概況時，要運用男性的思考迴路。男性比較適合一決勝敗，理由就在於此。女性的再生方面較拿手，但是男性在再認方面比較拿手，因此，要以某種關鍵來確認的再認，適合抽象的思考迴路。

對於應該記憶的事物賦予強弱，進行再認當然很好，而且也必須要看清楚何者必須要再生，記憶在不同的軟體中。這樣的話，你就能夠成為記憶的高手。

但是，再生也是類似記憶再架構的作業。有可能造成記憶錯誤，因此必須注意。

要防止記憶錯誤是很困難的。但是如果是自已喜歡的事物，最好全部記下來，不要遺忘。通常能夠記下來的事物，都是對自己而言較喜歡的事物。

此外，對於應該記住的事物應該要抱持好意，這也算是一種有效記憶術

。**因為喜歡所以拿手**——這種說法隱藏著與記憶有關的真實的一面。

後記

到目前為止，以心理學的觀點為各位盡可能地解說記憶的重點是什麼。能夠讓各位讀者瞭解到何種地步，我沒有自信。記憶在心理學上目前還是研究的主題之一，但是，卻是可以從生理學的方面以及社會的方面來加以討論的主題。

在探討本書話題時，老實說我是腳踏兩條船。在世間關於記憶的書籍很多，當成手冊的要素非常強。可是，我想讀者應該需要關於這一類記憶的書籍，因此執筆為文。

的確，記憶是現代社會的關鍵之一。對於生意人契約的成敗與否而言，也是重點。關係到戀愛的成敗。尤其在不斷摸索新價值觀的混沌時代中，記憶是產生新事物的原動力。

記憶不只是出人頭地的轉捩點，對於生意而言，對於政治或社會改革而言也有關。懂得使用記憶的人、記憶的高手在任何世界都會成功；相反的，被記憶玩弄的人，就是失敗者。

執筆本書時，蒐集很多資料，我自己對於記憶的趣味和深度非常佩服，也感到很驚訝。我認為必須是從心理學的觀點進一步加以解析的主題。既然本書是以一般讀者為對象，當然必須要割愛科學論證。而關於記憶方面，也許大家認為這是我個人的看法，在此請求各位原諒。

希望閱讀本書的讀者能夠瞭解記憶，有效地靈活應用記憶。我再說一次，沒有人記憶不好。為了你的記憶著想，如果能夠反覆閱讀本書好幾次，一定能夠產生效果，這就是一種反覆效果。我相信這樣一來，你就自然能夠擁有記憶術！

・校園系列・電腦編號 20

1.	讀書集中術	多湖輝著	180 元
2.	應考的訣竅	多湖輝著	150 元
3.	輕鬆讀書贏得聯考	多湖輝著	150 元
4.	讀書記憶秘訣	多湖輝著	150 元
5.	視力恢復！超速讀術	江錦雲譯	180 元
6.	讀書 36 計	黃柏松編著	180 元
7.	驚人的速讀術	鐘文訓編著	170 元
8.	學生課業輔導良方	多湖輝著	180 元
9.	超速讀超記憶法	廖松濤編著	180 元
10.	速算解題技巧	宋釗宜編著	200 元
11.	看圖學英文	陳炳崑編著	200 元
12.	讓孩子最喜歡數學	沈永嘉譯	180 元
13.	催眠記憶術	林碧清譯	180 元
14.	催眠速讀術	林碧清譯	180 元
15.	數學式思考學習法	劉淑錦譯	200 元
16.	考試憑要領	劉孝暉著	180 元
17.	事半功倍讀書法	王毅希著	200 元
18.	超金榜題名術	陳蒼杰譯	200 元
19.	靈活記憶術	林耀慶編著	180 元

大展出版社有限公司　出版

地址：台北市北投區(石牌)
致遠一路二段 12 巷 1 號
郵撥：0166955～1
電話：(02)28236031
28236033
傳真：(02)28272069

大展出版社有限公司
品冠文化出版社

圖書目錄

地址：台北市北投區(石牌)
致遠一路二段 12 巷 1 號
電話：(02)28236031
28236033
郵撥：0166955～1
傳真：(02)28272069

・法律專欄連載・電腦編號 58

台大法學院　法律學系／策劃
法律服務社／編著

1. 別讓您的權利睡著了 ①		200 元
2. 別讓您的權利睡著了 ②		200 元

・秘傳占卜系列・電腦編號 14

1. 手相術	淺野八郎著	180 元
2. 人相術	淺野八郎著	180 元
3. 西洋占星術	淺野八郎著	180 元
4. 中國神奇占卜	淺野八郎著	150 元
5. 夢判斷	淺野八郎著	150 元
6. 前世、來世占卜	淺野八郎著	150 元
7. 法國式血型學	淺野八郎著	150 元
8. 靈感、符咒學	淺野八郎著	150 元
9. 紙牌占卜學	淺野八郎著	150 元
10. ESP 超能力占卜	淺野八郎著	150 元
11. 猶太數的秘術	淺野八郎著	150 元
12. 新心理測驗	淺野八郎著	160 元
13. 塔羅牌預言秘法	淺野八郎著	200 元

・趣味心理講座・電腦編號 15

1. 性格測驗① 探索男與女	淺野八郎著	140 元
2. 性格測驗② 透視人心奧秘	淺野八郎著	140 元
3. 性格測驗③ 發現陌生的自己	淺野八郎著	140 元
4. 性格測驗④ 發現你的真面目	淺野八郎著	140 元
5. 性格測驗⑤ 讓你們吃驚	淺野八郎著	140 元
6. 性格測驗⑥ 洞穿心理盲點	淺野八郎著	140 元
7. 性格測驗⑦ 探索對方心理	淺野八郎著	140 元
8. 性格測驗⑧ 由吃認識自己	淺野八郎著	160 元
9. 性格測驗⑨ 戀愛知多少	淺野八郎著	160 元

10.	性格測驗⑩ 由裝扮瞭解人心	淺野八郎著	160元
11.	性格測驗⑪ 敲開內心玄機	淺野八郎著	140元
12.	性格測驗⑫ 透視你的未來	淺野八郎著	160元
13.	血型與你的一生	淺野八郎著	160元
14.	趣味推理遊戲	淺野八郎著	160元
15.	行為語言解析	淺野八郎著	160元

・婦幼天地・電腦編號 16

1.	八萬人減肥成果	黃靜香譯	180元
2.	三分鐘減肥體操	楊鴻儒譯	150元
3.	窈窕淑女美髮秘訣	柯素娥譯	130元
4.	使妳更迷人	成　玉譯	130元
5.	女性的更年期	官舒妍編譯	160元
6.	胎內育兒法	李玉瓊編譯	150元
7.	早產兒袋鼠式護理	唐岱蘭譯	200元
8.	初次懷孕與生產	婦幼天地編譯組	180元
9.	初次育兒 12 個月	婦幼天地編譯組	180元
10.	斷乳食與幼兒食	婦幼天地編譯組	180元
11.	培養幼兒能力與性向	婦幼天地編譯組	180元
12.	培養幼兒創造力的玩具與遊戲	婦幼天地編譯組	180元
13.	幼兒的症狀與疾病	婦幼天地編譯組	180元
14.	腿部苗條健美法	婦幼天地編譯組	180元
15.	女性腰痛別忽視	婦幼天地編譯組	150元
16.	舒展身心體操術	李玉瓊編譯	130元
17.	三分鐘臉部體操	趙薇妮著	160元
18.	生動的笑容表情術	趙薇妮著	160元
19.	心曠神怡減肥法	川津祐介著	130元
20.	內衣使妳更美麗	陳玄茹譯	130元
21.	瑜伽美姿美容	黃靜香編著	180元
22.	高雅女性裝扮學	陳珮玲譯	180元
23.	蠶糞肌膚美顏法	坂梨秀子著	160元
24.	認識妳的身體	李玉瓊譯	160元
25.	產後恢復苗條體態	居理安・芙萊喬著	200元
26.	正確護髮美容法	山崎伊久江著	180元
27.	安琪拉美姿養生學	安琪拉蘭斯博瑞著	180元
28.	女體性醫學剖析	增田豐著	220元
29.	懷孕與生產剖析	岡部綾子著	180元
30.	斷奶後的健康育兒	東城百合子著	220元
31.	引出孩子幹勁的責罵藝術	多湖輝著	170元
32.	培養孩子獨立的藝術	多湖輝著	170元
33.	子宮肌瘤與卵巢囊腫	陳秀琳編著	180元
34.	下半身減肥法	納他夏・史達賓著	180元
35.	女性自然美容法	吳雅菁編著	180元

36. 再也不發胖　池園悅太郎著　170 元
37. 生男生女控制術　中垣勝裕著　220 元
38. 使妳的肌膚更亮麗　楊　皓編著　170 元
39. 臉部輪廓變美　芝崎義夫著　180 元
40. 斑點、皺紋自己治療　高須克彌著　180 元
41. 面皰自己治療　伊藤雄康著　180 元
42. 隨心所欲瘦身冥想法　原久子著　180 元
43. 胎兒革命　鈴木丈織著　180 元
44. NS 磁氣平衡法塑造窈窕奇蹟　古屋和江著　180 元
45. 享瘦從腳開始　山田陽子著　180 元
46. 小改變瘦 4 公斤　宮本裕子著　180 元
47. 軟管減肥瘦身　高橋輝男著　180 元
48. 海藻精神秘美容法　劉名揚編著　180 元
49. 肌膚保養與脫毛　鈴木真理著　180 元
50. 10 天減肥 3 公斤　彤雲編輯組　180 元
51. 穿出自己的品味　西村玲子著　280 元
52. 小孩髮型設計　李芳黛譯　250 元

・青 春 天 地・電腦編號 17

1. A 血型與星座　柯素娥編譯　160 元
2. B 血型與星座　柯素娥編譯　160 元
3. O 血型與星座　柯素娥編譯　160 元
4. AB 血型與星座　柯素娥編譯　120 元
5. 青春期性教室　呂貴嵐編譯　130 元
7. 難解數學破題　宋釗宜編譯　130 元
9. 小論文寫作秘訣　林顯茂編譯　120 元
11. 中學生野外遊戲　熊谷康編著　120 元
12. 恐怖極短篇　柯素娥編譯　[illegible] 元
13. 恐怖夜話　小毛驢編譯　130 元
14. 恐怖幽默短篇　小毛驢編譯　120 元
15. 黑色幽默短篇　小毛驢編譯　120 元
16. 靈異怪談　小毛驢編譯　130 元
17. 錯覺遊戲　小[illegible]編著　130 元
18. 整人遊戲　[illegible]驢編著　150 元
19. 有趣的超常識　[illegible]素娥編譯　130 元
20. 哦！原來如此　林慶旺編譯　130 元
21. 趣味競賽 100 種　劉名揚編譯　120 元
22. 數學謎題入門　宋釗宜編譯　150 元
23. 數學謎題解析　宋釗宜編譯　150 元
24. 透視男女心理　林慶旺編譯　120 元
25. 少女情懷的自[illegible]　李桂蘭編譯　120 元
26. 由兄弟姊妹[illegible]　李玉瓊編譯　130 元
27. 趣味的科[illegible]　林慶旺編譯　150 元

國家圖書館出版品預行編目資料

靈活記憶術／林耀慶編著
－初版－臺北市，大展，民 89
185 面；21 公分－（校園系列；19）
ISBN 957-557-988-7（平裝）
1. 記憶
176.33　　89001355

靈活記憶術

ISBN 957-557-988-7

編 著 者／林　耀　慶
發 行 人／蔡　森　明
出 版 者／大展出版社有限公司
社　　址／台北市北投區（石牌）致遠一路 2 段 12 巷 1 號
電　　話／(02) 28236031・28236033
傳　　真／(　) 28272069
郵政劃撥／01　551
登 記 證／局版　字第 2171 號
承 印 者／高星印　行
裝　　訂／日新裝訂
排 版 者／千兵企業有
初版 1 刷／2000 年（民　4 月

定　價／180 元

大展好書 好書大展